AF416931

RISTI, LÄHDE JA KOLME KELLOA

Lapin sota ja Rovaniemen kirkko

Markku Seppänen

Taitto: Pauli Seppänen

© 2025 Markku Seppänen
Kustantaja: BoD · Books on Demand,
Mannerheimintie 12 B, 00100 Helsinki,
bod@bod.fi
Kirjapaino: Libri Plureos GmbH, Friedensallee
273, 22763 Hampuri, Saksa
ISBN: 978-952-80-9494-4

Valokuvat: Museovirasto, Rovaniemen
seurakunnan arkisto, Lapin Kansan
arkistokokoelma, SA-kuva, Skelle teå museum,
Aimo A. Tuomi, Ebba Alasuutari ja Kodin kuva-
albumit.

Kuva P-O Welin, Museovirasto

Uusi Kirkko

Osa vihkiäiskantaatista 20.8.1950

On noussut kunnahilleen
uusi kirkko,
ylenee ylvähänä risti sen.
taivasta tavoitellen
korkeuksista,
kuin aatos ainaisesti ihmisen.

Nyt kutsuu kansaa jälleen
juhlakellot,
soi malmin ääni kyliin kaukaisiin,
ja soinnut vyöryy
kirkon kiviholviin,
jää väreilemään hiljaa urkuihin.

Paistaapi Herran päivä alttarille
kuin ennen hopeoissa kimmeltäin
kumartuu kirkkokansa kiitoksehen:
vaikk' kaikki meni,
sinun armos jäi.

Annikki Kariniemi-Villamo

Saatteeksi

Lapin sota aiheutti Rovaniemellä ennen näkemättömän tapahtumien vyöryn, väestön evakkomatkat ja jälleenrakentamisen vaivat. Lähes kokonaan tuhottu kauppala nousi tuhkasta uskomattoman nopeasti. Rovaniemen uudesta kirkosta, joka valmistui jo v.1950, tuli Lapin jälleenrakentamisen symboli.

Minua pyydettiin kertomaan eräässä tilaisuudessa Rovaniemen kirkosta ja sen tunnetusta freskosta. Sen innoittamana kirjoitin tämän tekstin. En voinut sivuuttaa Lapin sodan vaikutusta kotiseutuni elämään.

Varsin vähälle huomiolle jäänyt viime sodan vaihe on hyvä palauttaa mieliin tänä merkkivuotena 2025, jolloin viime sotien päättymisestä tulee kuluneeksi 80 vuotta. Muistelemalla menneitä vuosia, voimme kunnioittaa aikaisempien sukupolvien uhrimieltä ja ponnistuksia paremman elämän puolesta. Me sodan jälkeinen sukupolvi olemme voineet rakentaa omaa ja yhteistä elämää itsenäisessä Suomessa.

Olen koonnut tämän seurakunnan elämästä kertovan muisteluksen liitteenä mainituista lähteistä, isäni Pentti J.P. Seppäsen kirjoituksista ja muistiinpanoista sekä lapsuuden kotini muistoista ja päiväkirjoista.

Rovaniemen kirkon vaiheet liittyvät läheisesti omaan ja lapsuuden perheeni elämään. Kerron sen vuoksi tapahtumia myös henkilökohtaisesta näkökulmasta. Haluan omistaa tämän kertomuksen kaikille asiasta kiinnostuneille, mutta erityisesti sisaruksilleni ja lapsilleni perheineen muistoksi noista ajoista.

Lapsuuteni kotiseurakunta on tullut uudelleen läheiseksi tutkiessani taakse jääneitä vuosia ja myös sen vuoksi, että vävyni Ilari Kinnunen Kaija -tyttäreni kanssa jatkavat vanhempieni ja isovanhempieni työtä rakkaassa muistossa olevassa seurakunnassa ja voimakkaasti kehittyvän Rovaniemen elämänpiirissä.

Oulunsalossa Kalevalan päivänä 28.2.2025

Markku Seppänen

Rovaniemeä v.1938 ennen Lapin sotaa. Etualalla Konttisen talo, joka toimi ennen sotaa Kemi-yhtiön pääkonttorina. Tämä kartano räjäytettiin sodassa ensimmäisenä 10.10.1944. Lapin Kansan arkistokokoelma.

Rovaniemi ennen sotia. Kuva Valtakadulta, jolla sijaitsi merkittäviä liikerakennuksia. Rovaniemen seurakunnan arkisto.

Sisällys

Lapista sodan päänäyttämö

Sotien aika ja erityisesti Lapin sota on vaikuttanut rovaniemeläisten elämään hyvin merkittävästi. Lapin sodan päättymisestä tulee huhtikuussa 27.4. 2025 kuluneeksi 80 vuotta. Tämä ei tunnu minusta kovin pitkältä ajalta. Sota-aika Suomessa päättyi vain neljä ja puoli vuotta ennen syntymääni, joten sen merkitys on tuntunut myös minun elämässäni.

Vähän Lapin sodan päättymisen jälkeen maailmalta kuultiin, että Hitler oli 30.5.1945 kuollut bunkkerinsa työhuoneessa. Natsi-Saksa luhistui lopullisesti 8.5. Tällöin yli viisi vuotta kestänyt valtavasti uhreja vaatinut toinen maailmansota päättyi liittoutuneiden voittoon.

En saa silmistäni ja korvistani pois sitä, kun pikkupoikana 50-luvulla seisoin Väinö Aaltosen patsaan äärellä sankarihaudalla. Tummiin pukeutuneet kaatuneiden omaiset ja sankarivainajia kunnioittava muu väki lauloivat vakaumuksellisesti soittokunnan säestyksellä kansalliskirjailija Runebergin virttä: "On isät täällä taistelleet ja uskoneet ja toivoneet, me saimme saman asunnon ja samat vaiheet meidän on." Sadat kuolleiden sotilaiden valkeat ristit ja kukilla koristellut haudat olivat suurena peltona vieressämme.

Suomalaiset tekivät venäläisten kanssa jatkosodan jälkeen aseleposopimuksen 4.9.1944. Se edellytti,

että saksalaisten, entisten aseveljien oli poistuttava
Suomesta viimeistään 15.9. Aluksi toivottiin, että siir-
tyminen olisi ollut rauhanomainen. Suomalaisille oli
kuitenkin varsin pian selvää, että sopimusehdon
täyttäminen noin nopeassa aikataulussa ei ollut
mahdollista.

Jatkosodan päättänyt Moskovan rauhansopimus al-
lekirjoitettiin 19.9. Se edellytti saksalaisten aseistarii-
sumista. Sopimusta valvomaan tuli Neuvostoliiton
asettama valvontakomissio. Tämäkään rauhansopi-
mus ei taannut Suomelle vielä lopullista rauhaa. Se
tuli vasta toisen maailman sodan päättymisen yhtey-
dessä.

Saksalaisten asuttama Lappi

Saksalaiset taistelivat rinnallamme suuren ateistisen
vihollisen pyrkiessä valloittamaan Suomen. On jos-
kus arvioitu, että saksalaisten läsnäolo, sotamateri-
aalin hankinta ja muu apu sekä infrastruktuurin luo-
vuttaminen sotilaille oli suomalaisille erittäin raskas
taloudellisesti. Myös elintarvikkeet, polttoaineet ja
majoitus veivät osansa. Yhteistyötä on kuitenkin vai-
kea muuttaa rahaksi. Suomalaisilla oli kyse itsenäi-
syyden säilyttämisestä, jossa saksalaiset olivat tu-
kena. Raskaissa taisteluissa talvi- ja jatkosodassa
kaatui lähes 100 000 suomalaista ja n. 200 000 haa-
voittui.

Jatkosodan päättyessä Lapissa oli n. 200 000 saksa-
laista sotilasta. Se oli suuri määrä, kun muistetaan,

että kanta-asukkaita koko Lapissa oli tuolloin n. 150 000 asukasta. Rovaniemen kauppalassa oleskeli vuosien 1942–1944 aikana arviolta jopa 15000 saksalaista sotilasta.

Saksalla itsellään oli Lapissa omat sotasuunnitelmansa ja vetäytymissuunnitelmansa. Tarkoitus oli katkaista liittoutuneiden Muurmannin rata, joka oli tärkeä kuljetusreitti. He halusivat ottaa hallintaan myös Petsamon ja Kirkkoniemen.
Neuvostoliiton tavoitteena oli rauhansopimuksessa puolestaan sitoa saksalaiset joukot suomalaisten kanssa taisteluihin, jotta päärintamilla olisi helpompaa ja ettei heitä olisi voitu siirtää Petsamon ja Kirkkoniemen suuntaan, jossa taistelut olivat käynnissä saksalaisten ja puna-armeijan välillä.

Evakkomatkat alkavat - Rautatieasema solmukohtana

Rovaniemen rautatieasema oli koko sodan aikana saksalaisen sotilasliikenteen ja huollon solmukohtana. Sinne saapui päivittäin lukuisia junia, jotka toivat mukanaan sotilaiden lisäksi mm. panssarivaunuja, tykkejä, autoja ja muita sotatarvikkeita.

Lapin sodan uhatessa aloitettiin evakkomatkat Lapista huhtikuussa 1944. Kaikkien oli lähdettävä Rovaniemeltä 16.9 mennessä. Suurin pelko evakkoon lähdettäessä taisi olla siitä, että venäläiset miehittävät

Suomen. Saksalaiset aluksi jopa avustivat siirtymistä evakkomatkalle.

Tosiasiassa Rovaniemeltä viimeiset lähtivät evakkoon vasta 22.9. Päivittäin jopa 20 junaa ja yhteensä 620 junavaunua kuljetti evakkomatkalaisia tavaroineen Rovaniemen kautta. Koko Lapista evakuoitiin n.108 000 ihmistä muualle Suomeen ja Ruotsiin. Ruotsiin evakuoitiin arviolta n.60000 henkeä.

Rovaniemen kauppalasta ja maalaiskunnasta evakkomatkalle lähti n.24000 asukasta, joista yhteensä n.20000 ohjautui Ruotsiin. Heistä n.5000 oli kauppalan asukasta. Evakkoon lähtivät yhdessä myös äitini, Laina-mummo ja minun kaksi sisartani, Terttu ja Sinikka sekä Pertti-veljeni.

Äitini kertoi meille yhden matkan paineita keventävän tarinan. Ihmiset olivat raskasilmaisessa täpötäyteen ahdetussa junassa pahoinvoivia, surullisia ja masentuneita. Viisivuotias Terttu aisti silloin vakavan tilanteen ja nousi yhtäkkiä matkalaukun päälle seisomaan ja sanoi voimakkaalla äänellä: "Olkaa hyvä ja naurakaa"!

Me lähdimme evakkomatkalle. SA-kuva.

Tavarapaljoutta Rovaniemellä radan varrella 17.09.1944.

Evakkojen matkatavaroita Rovaniemen asemalla.
SA-kuva

Saapuminen Ruotsin Jörniin - PikkuRovaniemelle

Suomen ja Ruotsin rajalla kirjattiin kaikkien henkilötiedot. Sen jälkeen tehtiin lääkärintarkastukset ja lapset rokotettiin. Evakkoon lähtijät riisuivat vaatteensa ja heidät ohjattiin ruotsalaisten sotilaiden valvoessa täisaunoihin. Vaatteet vietiin täikäsittelyyn ja niitä jouduttiin odottelemaan. Tämä oli monien evakkoon menneiden mielestä ikävään muistoon jäänyt kokemus. -Kahden viikon mittaisen karanteeriasumisen jälkeen tulijat ohjattiin varsinaisille asumapaikoilleen.

Koulu Frostkågessa, jossa perheemme asui. Kuva Jarmo Seppänen.

Meidän perheessämme vain lapset rokotettiin ja muilta tarkastuksilta vältyttiin. Tämän jälkeen heidän asuinpaikakseen tuli aluksi Älvsby, josta matka jatkui Frostkågeen. Siellä perheemme sai asua aluksi erään ystävällisen opettajaperheen kodissa ja sitten samassa yhteydessä olevan koulun yläkerrassa. Evakkolaisten palvelut olivat Jörnissä, joka sijaitsee Skellefteåsta luoteeseen.

Jörnin leirille saapui paljon rovaniemeläisiä. Se vuoksi sitä ruvettiin kutsumaan PikkuRovaniemeksi. Pekka Mauno Kalevassa ja Kalevi Mikkonen historiasivuillaan kertovat evakkoleiristä, joka sijaitsi Jörnistä n. 4 kilometrin päässä olevassa Lindåssa.

Lindån leirillä oli 105 asuntoparakkia. Lindå tarjosi asukkailleen hyvät palvelut. Siellä oli oma parakkikirkko, sairaala ja synnytysparakit, lastentarha, kansakoulu ja ruokailuparakit. Iltaisin ja pyhinä oli asukkaille tarjolla harrastusmahdollisuuksia, jumalanpalveluksia, seuroja ja elokuvaesityksiä.

Koti-ikävän lievittämiseksi parakit, kaupat ja kadut nimettiin Rovaniemen vastaavien nimien mukaan. Niinpä sieltä löytyi mm. Kittiläntie, Koskikatu, Pohjanhovi ja Lapinmaa.

Jörnin Lindån synnytyssairaalassa syntyi myös vanhempi veljeni Jarmo evakkotaipaleen lopulla 23.5.1945. Isäni, joka oli määrätty evakkopapiksi, on merkinnyt muistiin, että Jarmon kastetilaisuus pidettiin Forstkågessa, jossa oli paikalla 8 pappia. Heistä viisi suomalaista, isäni lisäksi myös Väinö Karhumäki, Ano Kauppinen, Lauri Oravainen ja Arto Tolsa oli lähetetty evakkopapeiksi.

Mukana oli myös kolme ruotsalaista pappia. Ilmeisesti papit olivat kokoontuneet Frostkågeen suunnittelemaan yhteistä työalaansa.

Monista ikävistä asioista evakkoaikana on usein vaiettu. Evakossa Ruotsissa arvellaan kuolleen n. 500 suomalaista, suuri osa lapsia. Pikkulasten kuolemaa oli noissa poikkeusoloissa paljon normaalia enemmän. Monet lapset menehtyivät mm. tuhkarokkoon, kurkkumätään ja hinkuyskään. Vaikka kuoleman lisäksi koti-ikävää ja monia muitakin ongelmia ilmaantui, useille lienee evakkoajasta lopulta jäänyt olosuhteisiin nähden varsin hyvät muistot ja kiitollisuus ruotsalaisia kohtaa.

Lindån evakkoleiri lakkautettiin kesällä 1945, jolloin leirin viimeiset asukkaat palasivat Suomeen. Leiripaikan jälkiä voi vieläkin nähdä maastosta.

Lapsiperheitä parakin edustalla evakkomatkalla Haaparannalla. SA-kuva.

Kuva Skellefteå museum.

PikkuRovaniemen parakkikylää Jörnin Lindåssa.
Kuva Skellefteå museum.

Kirkon aarteisto pelastetaan

Seurakunta toimi Rovaniemellä annettuun määränpäivään asti. Isäni kertoo selostuksessaan, että päiväjumalanpalvelus pidettiin vielä 3.9.

Viimeisenä sunnuntaina 10.9 ennen poistumismääräystä hän oli Jumalanpalveluksen sijasta kirkossa yhdessä Eeli Laitisen ja pienen sotilasosaston kanssa. Siellä he "riisuivat" temppeliä ja pakkasivat varalta kaikkea arvokasta Rovaniemeltä rautatievaunuun. Tämä viimeinen Rovaniemeltä lähtevä vaunu oli saatu hankituksi eversti Willamon avustuksella.

Näin pelastettiin mm. kirkon arkisto, kirkonkirjat, alttaritaulu Pyhä Ehtoollinen, Salvador Mundi-taulu, arvokkaat messukasukat, kruunut ja ensimmäinen suomenkielinen Raamattu vuodelta 1642. Ne vietiin Haaparantaan ja purettiin seurakunnan kirkkoherra Forströmin makasiiniin ja kanslian säilytystiloihin. Seurakunnan tavaroiden joukkoon saatiin mahtumaan myös vanhempiemme ensimmäinen puukalusto, Pentin Mailalle kihlalahjaksi ostama harmooni ja lasten kerrossängyt, jotka ovat nyt Norvajärven kesäasunnossa.

Evakkoon lähdön jälkeen saksalaiset valtasivat pappilan asuinrakennukset, joihin perheeltämme jäi paljon muistorikasta omaisuutta. Sen mukana paloivat mm. valokuvat ja suuri määrä Hengelliset Matkalaulut -nuottipainoksia painolaattoineen, jonka isoisäni

Jaakko Leonard oli toimittanut yhdessä Paul Heidemanin kanssa.

Pappien toimintaa evakkoaikana

Pentti -isä toimi varsin laajalla alueella Pohjois-Ruotsissa. Hänen evakkopapin tehtävänsä alkoi 26.9.1944 ja päättyi vasta 30.6.1945. Varsin tarkka selostus tästä evakkoajasta on tallennettu seurakunnan arkistoon ja historiaan. Papit huolehtivat evakkopaikoilla kirkollisten toimitusten lisäksi myös lasten opetuksesta ja mm. eduskuntavaalien järjestämisestä. Suomen historian ainoat sodanaikaiset eduskuntavaalit pidettiin nimittäin maaliskuussa 1945.
Evakossa rovaniemeläisiä asui 40 kunnan alueella n.120 eri paikassa lähinnä Norrbottenin ja Västerbottenin läänissä.

Työn paljoutta laajalla toiminta-alueella kuvaa Pentti-isän kirjanpito toimituksista kolmen kuukauden ajalta, jolloin hänellä oli 12 Jumalanpalvelusta, 9 ehtoollisjumalanpalvelusta, 52 seurapuhetta, 22 hartaushetkeä, 60 kastetta, 16 hautajaistilaisuutta ja 3 koulutarkastusta. Tästä on kerrottu Perintö -kirjassa.

Eeli Laitinen oli aluksi kirkonkirjojen kanssa Haaparannalla ja Torniossa. Kotiseudulle Rovaniemelle hän palasi hävityksen jälkeen aloittaen seurakunnalliset toimet. Kirkkoherran virasto siirtyi Rovaniemelle jo 6.12.44.

Ensimmäinen Jumalanpalvelus Rovaniemellä pidettiin jouluna 1944 Möllärin pirtissä. Sen jälkeen Jumalanpalveluksia järjestettiin Laestadiolaisella rauhanyhdistyksellä, kunnes saatiin aikaan seurakunnan väliaikaistilat.

Monet jäivät evakkotaipaleelleen. Isäni on kirjoittanut muistiin, että hän piti talven aikana 124:n Lapista lähteneen evakon hautajaiset.

Här vila följande 27 finska evakuerade från Rovaniemi församling. Pikkutyttö kukkineen Älvsbyn muistomerkillä. Kuva Pentti Seppäsen arkisto.

Ilmakuva Jörnistä.

Kastetilaisuus evakkomatkalla 1945. Vasemmalla Pentti ja Maila -äiti.

Evakkomatkalla olleita perheemme jäseniä kuvassa va. pappilassa Rantavitikalla v.1946. Vas. Pentti, Maila -äiti ja Laina -mummu. Lapset vas. Terttu, Jarmo, Sinikka ja Pertti.

Vanha kirkko työpaikkana ja pappilat kotina

Rovaniemen poltettu ristikirkko oli ollut jo kansalais-sodassa mukana olleen ja eduskunnasta Rovanie-melle kirkkoherraksi saapuneen isoisäni Jaakko Leo-nard Seppäsen työpaikka vuodesta 1925 alkaen. Tästä tulee siten tänä vuonna kuluneeksi 100 vuotta. Hänen siunaustilaisuutensa pidettiin ennen sotia ris-tikirkossa 13.3.1938, joka on kuvineen tallentunut historiaan.

Kirkkoherra Jaakko L. ja Laina Seppäsen perhe Kerttulan pappilassa v. 1929. Lapset vas. Mirja (Hernberg), Aune (Mäkinen), Paavo, Helvi (Tauvola) ja Pentti 19-vuotiaana. Vanhin sisaruksista Sorja haudattiin 13-vuotiaana Haapajärven kirkkomaahan.

Kirkkoherran pappila **Kerttula** oli toiminut siten isovanhempieni Jaakon ja Lainan kotina ja heidän lastensa lapsuuden ja nuoruuden kotina.

Kappalaisen pappila **Almala** oli ollut Pentti-isäni ja Maila-äitini sekä kahden minua vanhemman sisaren Tertun, Sinikan ja Pertti -veljeni koti. Nämä heidän kotinsa tuhoutuivat perin pohjin Lapin sodassa.

Saapumista Ruotsista tuhotun pappilan pihapiiriin isäni kertoo kirjeessään äidilleen kuitenkin myöntei-sesti: "Vihreä ruis näkyi koskemattomalla saralla. Vii-mevuotiset rukiit olivat kuhilailla, peruna oli maassa, joista saa siemeniä ja ruokaperunaa. Muutamia työ-kaluja oli jäljellä, vältti, karhi, niittokone (rikki-lyötynä) ja aura ja ainakin toinen AIV-tynnyri oli jäl-jellä, josta lehmä saa rehua. Ihmeellisesti Jumala on siunannut keskellä hävitystä".

Kirkon seutua ennen Lapin sotaa. Rovaniemen seu-rakunnan arkisto.

Kirkkoherran pappilan pihalla Paavo Seppänen.

Kappalaisen pappila Almala, jossa perheemme asui ennen Lapin sotaa. Rovaniemen seurakunnan arkisto.

Rovaniemen kirkko seurakunnan 300-vuotisjuhlien aikana 16-17.7.1932. Rovaniemen seurakunnan arkisto.

Suuret seurat Rovaniemen kirkonmäellä 2.-4.7.1931. Kuva Ebba Alasuutari.

Kirkkoherra Jaakko Seppänen toivotti seuravieraat tervetulleeksi: "Ette ole tulleet tänne pääasiassa kesäistä luontoa ihastelemaan ettekä kesäyön kirkkautta ihmettelemään. Teille on tärkeintä saada juhlia joukon kanssa Karitsan kunniaksi. Te olette halunneet ammentaa ilolla autuuden lähteistä."

Lapin sota syttyy 1.10.1944 Tornion maihinnousulla

Suomalaiset ja saksalaiset välttelivät mahdollisimman pitkään taistelukosketusta. Hitler oli saksalaisille antanut määräyksen pitää yllä neuvotteluyhteyttä 15.10 saakka. Heillä oli oma vetäytymissuunnitelmansa, operaatio Birke.

Lopulta suomalaiset joutuivat venäläisten uhan pelossa ajamaan saksalaiset pois maasta. Näin aseveljeys suomalaisten ja saksalaisten välillä katkesi ja syttyi Lapin sota. Se alkoi varsinaisesti 1.10. suomalaisten tekemällä Tornion maihinnousulla. Tällöin länsirajallamme käytiin ensimmäiset ankarat taistelut, jossa kuoli yli 1000 sotilasta.

Aseita piilotettiin miehityksen pelossa

Suomessa toteutettiin Päämajan määräyksestä jatkosodan jälkeen suojeluskuntapiireittäin salainen aseiden ja varusteiden hajavarastointioperaatio, jolle lehdistö antoi myöhemmin nimityksen asekätkentä. Tarkoituksena oli ryhtyä vastarintaan, mikäli puna-armeija - kuten ounasteltiin - solmitusta rauhasta huolimatta pyrki valloittamaan Suomen.

Operaatio paljastui alun perin keväällä 1945 erään liläisen kommunistiksi mainitun henkilön toiminnan seurauksena. Aseiden ja varusteiden hajasijoittaminen ei ollut sinänsä Suomen lakien vastaista. Valvontakomission painostuksen vuoksi kuitenkin säädettiin taannehtivasti laki, jonka perusteella aseiden varastointi ja piilottaminen todettiin Moskovan rauhansopimuksen vastaiseksi. Siitä seurasi pohjoismaiden suurin oikeudenkäynti. Oikeudenkäynnissä tuomittiin 1488 suomalaista, joiden joukossa oli muutamia naisiakin. Tuomiot olivat yleensä ehdonalaisia vankeusrangaistuksia, mutta päävastuussa oleville koitui myös ankaria vankeusrangaistuksia. Rangaistuksen sai jopa kahdeksan kenraalikuntaan kuuluvaa henkilöä. Suurin joukko rangaistuksen saaneista oli aliupseereita.

Tuomiosta huolimatta mukana olleet pitivät yleensä tehtäväänsä isänmaallisena velvollisuutena, vaikka asia varjostikin heidän elämäänsä. Operaatio sai myöhemmin hiljaisen hyväksynnän kansan suuren enemmistön keskuudessa. Viimeiset asevarastojen kätköt on löydetty vielä 2020-luvulla.

Lapin sota oli suurvaltapolitiikkaa, johon Suomi pakotettiin Neuvostoliiton vaatimuksesta mukaan. Suomi siirtyi tällöin liittoutuneiden puolelle ja joutui ajamaan pois n. 200 000 saksalaista. Ellei Suomi olisi sitä tehnyt, sen olisi tehnyt puna-armeija, joka olisi tunkeutunut maahamme. Tämän vuoksi Lapin sota oli tärkeä Suomen itsenäisyyden kannalta. Toinen maailmansota oli myös loppusuoralla. Saksa oli jo häviämässä sekä itä- että länsirintamilla.

Aseveljeys suomalaisten ja saksalaisten välillä näin katkesi ja syttyi Lapin sota. Se alkoi varsinaisesti 1.10, jolloin suomalaiset kenraali Hjalmar Siilasvuon itsenäisellä päätöksellä ja komentamana nousivat Torniossa maihin saksalaisten selustaan. Tällöin länsirajallamme käytiin ensimmäiset ankarat taistelut, jossa kuoli yli 1000 sotilasta. Suomalaisia kuoli n. 450 eli lähes yhtä paljon kuin kuuluisassa Raatteen tien taisteluissa Jatkosodan aikana. Lapin sodassa kaatui lopulta yhteensä n. 1400 suomalaista.

Rovaniemi tuhoutuu

Suomalaisten joukkojen edetessä Rovaniemelle 14.10, heitä kohtasi kauppalan täydellinen tuho. Myös Ounaskosken silta oli räjäytetty 13.10 ja Kemijoen yli kulkeva rautatiesilta, Suutarinkorvan silta räjäytettiin 14.10.

Saksalaiset olivat polttaneet Rovaniemen lähtiessään ja lopulta he tuhosivat lähes koko Lapin. He noudattivat poltetun maan taktiikkaa. Kaikki poltettiin, 675 siltaa räjäytettiin, lossit tuhottiin, rautatieverkosto tuhottiin ja maantieverkosto miinoitettiin. Käyttökelvottomaksi tuhoutui n. 500 km rautateitä ja

9500 km maanteitä. Tähän mennessä Lapista on raivattu n. 80000 miinaa, joita vieläkin silloin tällöin löydetään.

Kauppalan polttaminen alkoi 10.10 Aleksis Kiven päivänä, joka oli myös Mirja-tätini syntymäpäivä. Lapin sodassa tuhoutui Rovaniemen kauppala 90 %: ti ja maalaiskunta 70 %: ti. Monet muutkin Lapin kunnat kokivat lähes täydellisen tuhon.

Rovaniemellä kauppala ja maalaiskunta kuuluivat samaan seurakuntaan. Väkimäärä itsenäisen maalaiskunnan puolella oli tuolloin suurempi kuin kauppalassa, yhteensä asukkaita oli silloin jo n. 24000. Maalaiskunnan jokivarret olivat tiheästi asuttuja ja siellä oli seurakunnalla paljon toimituksia.

Kirkko ja pappilat poltetaan

Saksalaiset tuhosivat myös Rovaniemen vanhan puisen v.1817 valmistuneen ristikirkon (3.kirkko) ja v.1765 rakennetun kellotapulin sekä pappilat, joissa saksalaisia oli majoittunut. Kaikki muutkin seurakunnan rakennukset paloivat.

Samanaikaisesti kauppalan palon aikana sattui ratapihalla ammusjunan räjähdys, jonka ammukset lentelivät pitkin kaupunkia. On arveltu, että se saattoi edesauttaa Rovaniemen kirkon ja kauppalan täydellistä tuhoa.

Toisaalta myös Kuusamon, Sallan, Kemijärven, Inarin, Enontekiön ja Turtolan kirkot kokivat saman kohtalon, kuin Rovaniemen kirkko. Se viitannee siihen, että kirkon palokin kuului saksalaisille sotilaille annettuun käskyyn.

Nyt jo 100-vuotias suomalainen kärkijoukoissa tullut sotilas Hugo Hilliaho kertoo Kalajokiseudussa, että kirkko poltettiin viimeisenä. Hän sanoo nähneensä, kun kolme saksalaista oli heittänyt polttopulloja kirkon ikkunoista sisään. Hän oli itse seurannut kirkon paloa kaksi tuntia.

Kodissani ei puhuttu pahaa saksalaisista Rovaniemen tuhon jälkeen. Se on monesti ihmetyttänyt minua. Varmaan vanhemmat olivat oppineet ymmärtämään sodan kylmät lait. Sotaa ei muutenkaan juuri käsitelty kodissamme, vaan rakennettiin uutta ja katsottiin elämää eteenpäin. Huonot asiat unohtuivat uuden rakentamisen tieltä. Ajateltiin myös, että kaikki oli tapahtunut Korkeimman sallimuksesta.

Ratapiha räjähtäneen ammusjunan jäljiltä. SA-kuvat.

Lapin sodan aikainen uusi asemarakennus ja ratapiha sijaitsivat nykyisen Lappia-talon ja kirjaston alueella, josta taustalla näkyvä asemaravintola säilyi. Rovaniemen vanha 1909 rakennettu jugend-tyylinen asema, Lapin portti, säilyi tuholta. Se on suojeltu rakennus ja sijaitsee Poromiehen tiellä, jonka vieressä entisen ratapihan paikalla sukeltaa kaupungin poikki alhaalla nelostie kohti pohjoista. Vanha asemarakennus otettiin uudestaan käyttöön Lapin sodan tuhojen jälkeen.

Lapin sota päättyy 27.4.1945

Viimeinen saksalainen 20. vuoristoarmeijan sotilas poistui maastamme Kilpisjärveltä 27.4.1945 kello 13.30 mennessä Norjan puolelle. Suomen lippu nostettiin silloin ensi kertaa kolmen valtakunnan rajapyykille sodan päättymisen merkiksi. Käsivarren kapeimmalla kohdalla on muistona saksalaisten tekemä Järämän linnoitusalue, jossa on nykyisin museo. Sodan päättymispäivänä vietetään vuosittain Kansallista veteraanipäivää.

Suomen lippu nostetaan kolmen valtakunnan rajalle 27.4.1945. Saana-tunturin kupeessa on myös muistokivi laattoineen viimeisten laukausten vaihdon kunniaksi.

On huomattavaa, että Moskovan rauhansopimuksesta 19.9.1944 vuoden 1947 alkuun saakka elettiin vaaran vuosia, sillä lopullinen rauha solmittiin vasta maailmansodan päättyessä Pariisin rauhansopimuksessa 10.2.1947. Se vahvisti vasta Neuvostoliiton kanssa tehdyn rauhan kaikkine ehtoineen.

Menetimme sodassa siten Petsamon, Sallan-Kuusamon alueita, Karjalankannaksen ja Laatokan pohjoispuolen. Luovutimme Porkkalan 50 vuodeksi sekä jouduimme maksamaan välirauhansopimuksen mukaisesti kuuden vuoden aikana sotakorvauksia 300 miljoonan kultadollarin arvosta. Korvausten nimellisarvo myöhemmin pienennettiin 226,5 kultadollariin ja maksuaika pidennettiin kahdeksaan vuoteen. Suomi ainoana maana maailmassa suoritti sille määrätyt sotakorvaukset.

Paluu Rovaniemelle – Rauhan kellot soivat

Hävitetylle kotiseudulle keväällä 1945 evakosta palaavia kohtasi lohduton, järkyttävä ja masentava näky: Koko kaupunki oli tuhoutunut!

Lohtuna perheellämme oli, että isoäitini Laina-rovastinnan vanhuuden koti sillankorvassa Ounasvaaran puolella oli säästynyt tuholta. Siellä asui myös Helvi-tätimme, joka oli sodan päätyttyä 23-vuotias nuori neito.

Oliko mummola tarkoituksella säästetty, koska Helvi-tädillä oli sotien aikana kiintymyssuhde saksalaisen Heinz -nimisen sotilaan kanssa. Sitä olen joskus miettinyt? Helvillä ja Heinzillä oli puhelinyhteyksiä vielä saksalaisten poistuttua maasta, mutta ystävyys ei jatkunut pidempään. Olihan pappilan väellä toki muillakin läheisiä tuttuja saksalaisissa sotilaissa. Heitä vieraili pappilassa, jossa kävivät mm. soittamassa pianoa. Helvi avioitui v.1950 raahelaisen Pekka Tauvolan kanssa.

Vanhempamme muuttivat evakosta palatessaan neljän lapsensa kanssa Laina-mummon kotiin. Mummolastamme tuli aluksi ns. pikkupappila, josta isä-Pentti järjesteli seurakunnan asioita. Kodin päiväkirjat kertovat, että siellä pidettiin myös seurakunnan kokouksia. Mummola toimi toista vuotta perheemme kotina.

Rovaniemi palaa. Suomalaiset kärkijoukot Rovaniemellä 16.10. klo. 21.00 voivat vain seurata hävitystä. SA-kuva.

Kirkon paikalla oli vain rauniot ja tuhkaa, mutta kirkon kolme kelloa olivat säilyneet ehyenä. Tervehtiessään Suomen Puolustusvoimien aliupseereita 19.3.1961 isäni muistelee paluuta evakosta Rovaniemelle. Hän kertoo, kuinka toivo heräsi ja usko vahvistui, kun hän saapuessaan tapulin raunioille näki kaikki kolme kelloa ehjinä. "Sota hävityksineen ei voinut rauhan kellojen ääntä vaimentaa. Ne julistavat ei vain Jumalan kunniaa vapaassa isänmaassamme, vaan myös sitä rauhaa, jonka Vapahtajamme on meille valmistanut haavojensa kautta".

Kelloista yksi nostettiin tuhoutuneen kirkon lähelle rakennettuun telineeseen, jonka edessä kokoonnuttiin ulkoilmassa jumalanpalveluksiin. Toinen kello kuljetettiin aluksi Helsinkiin Kolmen Sepän aukiolle. Siellä se muistutti ihmisiä Lappia koskevasta tuhosta ja sen suuresta avun tarpeesta. Nykyisin vanhan kirkon kellot palvelevat eri puolella Rovaniemen suurta seurakuntaa.

Sodan tuhoa Rovaniemellä. Mansardikattoinen Valtosen talo säilyi eheänä. Lapin Kansan arkistokokoelma.

Poltettua ja hävitettyä Rovaniemeä Lapin sodan jälkeen. SA-kuva.

Kemijoen yli kulkeva rautatiesilta, Suutarinkorvan silta on tuhottu. SA-Kuva.

Räjäytetyn sillan toisella puolella nykyisen Kivikadun 1. talon paikalla Katajarannantien ja Ounasvaarantien risteyksessä oli tuholta säästynyt Laina-rovastinnan koti, mummola. Siitä tuli "pikkupappila", johon perheemme asettui.

Vanhan kirkko paloi 16.10. Sen kolme kelloa säilyivät ehjänä. Yksi niistä siirrettiin Helsinkiin kolmen Sepän aukiolle muistuttamaan Lapin avun tarpeesta. SA-kuva.

Jumalanpalvelus kirkkomaalla tuhotun kirkon vainiolla. Rovaniemen seurakunnan arkisto.

Rakentaminen ulkomaisten tuella

Elämään oli tartuttava nopeasti. Kaikesta oli pulaa ja ympäristö näytti kaoottiselta. Rovaniemi alkoi kuitenkin pian nousta tuhkasta.

Seurakunnan jälleenrakennustoimikunta perustettiin 6.2.1946, jolla oli suuri urakka edessä. Pentti valittiin toimikunnan puheenjohtajaksi vaativaan vastuuseen varsin nuorena, 35-vuotiaana. Kirkkoherra Eeli Laitinen oli ehkä jo sairaalloinen, niinpä hän tyytyi olemaan toimikunnan jäsenenä.

Toimikunnan tehtävänä oli saada aikaan uusi kirkko, pappilat, kanttorila, seurakuntatalo, sankarihautausmaa, lukuisat jokivarsien hautausmaat ja oli huomioitava jokivarsien kylien monet tarpeet.

Suurin ponnistuksin saatiin ensin sodan jäljet poiste-
tuksi. Rovaniemeläisiä asui erilaisissa parakkiraken-
nuksissa, joita jäi myös saksalaisilta. Jotkut joutuivat
aloittamaan uuden elämänsä asumalla jopa maa-
kuopissa. Tanskan ja Ruotsin veljeskirkoilta sekä
Amerikan luterilaisilta kirkoilta saatiin tukea seura-
kunnan rakentamiseen ja väestön elintarvike- ja vaa-
teavustuksiin.

Työ alkaa-pappilat toimintatiloina

Ensin rakennettiin väliaikaiset pappilat ja kanttorila,
jotka valmistuivat syksyllä 1946. Kirkkoherran ja kap-
palaisen väliaikaiset pappilat ja kanttorin asunnon
suunnitteli työpäällikkö Paavo Patopuro, joka oli yksi
jälleenrakennustoimikunnan jäsen. Pappiloihin kuu-
luivat päärakennus, ulkorakennus ja sauna sekä hei-
nälato. Kaikki väliaikaisiksi tarkoitetut rakennukset
kyhättiin nopeasti tuoreesta puusta ja niistä tuli sen
vuoksi varsin kylmiä.

Ruotsin avustusjärjestöt lahjoittivat ns. parakkikir-
kon, joka otettiin käyttöön myös vuoden 1946 syk-
syllä. Siinä oli myös kaksi asuntoa. Piispa Manner-
maa vihki rakennuksen kirkoksi 19.1.1947.

Ruotsalaisten tuella v. 1946 lopulla valmistuneeseen parakkikirkkoon kokoonnuttiin sankoin joukoin. Sisällä oli 180 hengelle istumapaikka. Rovaniemen seurakunnan arkisto.

Nuorisopäivät parakkikirkossa.

Seurakunnan tilaisuuksia järjestettiin usein v.1946 lopulla valmistuneissa kahdessa väliaikaisessa

pappilassa. Pyhäkouluissa saattoi äidin opetuksessa olla jopa sata lasta. Siitä ovat entiset pyhäkoululaiset kertoneet.

Kodissamme järjestettiin myös kastetilaisuuksia, häitä ja seurakunnan kokouksia. Tämä käy ilmi kodin päiväkirjoista. Oma syntymäpaikkani on kappalaisen pappilan yläkerrassa. Tämän väliaikaisen pappilan paikalla on nyt Lapin Yliopiston hallintorakennus. Eeli Laitisen kuoleman jälkeen muutimme kirkkoherran pappilaan.

Talvella 1948 valmistui jo Rauhankadun varrella oleva paremmin rakennettu keltainen virastotalo. Jälleenrakennustoimikunnan toimiessa rakennettiin mm. Paaniemen maja v.1950 ja Viirin kappeli v.1952. Toimikunta teki myös päätöksen Väinö Aaltosen sankaripatsaasta v. 1951. Se kuitenkin valmistui vasta v.1954. Muistomerkin "Miehen kohtalo tunturin huipulla" paljasti 11.9 kenttäpiispa Johannes Björklund ja puheen seurakunnan puolesta piti Pentti-isämme. Paikalla oli historiatietojen mukaan n.6000 seurakuntalaista. Puhe on liitteenä.

Myöhemmin v. 1959 Väinö Aaltosen suunnittelemat muistomerkit saatiin myös Auttin ja Viirin hautausmaille.

Häät va. pappilan vierashuoneessa v. 1954. Vihki-parina Mirja ja Ilmari Hernberg.

Näiden pappiloiden mailla sijaitsee nyt Lapin Yliopisto. Asuimme tässä va. pappilassa ennen kirkonmäelle, Rauhankadulle muuttamista. Rakennus maalattiin valkeaksi ja oli pihapiireineen lopulta viihtyisä koti. Siihen kuului myös ulkorakennus liitereineen ja eläinten suojineen. Vuoden 1965 suviseurat järjestettiin vielä näiden pappiloiden pelloilla

Sodan jälkeen v.1947 rakennettu va. kirkkoherran pappila.

Jälleenrakennustoimikunta kirkon valmistuttua. Siihen kuuluivat vas. rakennusmestari T. Koponen, pj. pastori P. Seppänen, johtaja P. Jokela, rovasti E. Laitinen, posteljooni H. Poikela, rakennusmestari V. Kaltio, piiripäällikkö J. Maatela, kunnallisneuvos J. Koivuranta, ja työpäällikkö P. Patopuro.

Kuva kirkon rakennusvaiheesta. Rakennusväki ja vastuuhenkilöt yhteiskuvassa nousevan kirkon edessä osoittaa suurta yhteisöllisyyttä, jota tarvittiin noina aikoina erityisen paljon. Rovaniemen seurakunnan arkisto.

Jälleenrakennustoimikunta lopetti toimintansa v. 1952. Kirkkoherra Eeli Laitinen, Eeli-setä, joksi kodissamme häntä läheisesti kutsuttiin, kuoli samana vuonna.

Pentti Seppänen kirjoittaa toimikunnan työn päätyttyä seurakunnan kertomukseen: "Rovaniemen seurakunnan rakennustoiminta on ollut rohkeaa ja vaikeuksista piittaamatonta. Moniin rakennushankkeisiin ryhdyttiin toivoen, että hyvä Jumala auttaa. Suokoon Hän, että näidenkin rakennusten avulla siunaus tulisi koko seurakunnan elämään."

Uusi kirkko - Lapin jälleenrakentamisen symboli

Suunnitelma uudesta kirkosta oli jälleenrakentamistoimikunnalla esillä alusta saakka. Rahoituksen aikaansaaminen, rakennusluvan saaminen, arkkitehtuurikilpailun järjestäminen ja rakentamisen suunnittelu aikana, jolloin rakennusmateriaaleista ja kaikesta oli pulaa, oli erittäin vaativa urakka.

Asiat kuitenkin etenivät yllättävän ripeästi. Järjestetyssä arkkitehtuurikilpailussa jätettiin 35 uutta kirkkoa koskevaa ehdotusta. Kirkon suunnittelija valittiin kuitenkin kilpailuehdotusten ulkopuolelta. Uusintakilpailun jälkeen arkkitehdiksi kutsuttiin Bertel Liljequist. Valitsijoiden mukaan ehdotus vastasi parhaiten tavallisen kirkkokansan käsitystä kirkosta. Hän on suunnitellut myös mm. Kemijärven ja Kuusamon kirkot.

Kirkon rakentaminen voitiin aloittaa jo 21.6.1948, vaikka rahoitus oli vielä hyvin epäselvä. Lopulta avustuksia saatiin mm. Amerikan luterilaisilta kirkoilta, Ruotsin kirkolta, Tanskan kirkolta, Suomen kirkon keskusrahastolta ja Amerikan uskonystäviltä. Lisäksi toimeenpantiin monia kansalaiskeräyksiä.

Rovaniemi nousee tuhkasta. Alvar Aalto laati Rovaniemeä varten Poronsarvi -asemakaavan. Kuva Museovirasto/ Matti Poutvaara.

Kirkko ja sankarihautausmaa talvella. Rovaniemen seurakunnan arkisto.

Rovaniemen kirkko rakennettiin 900 hengelle. Kustannukset olivat yhteensä 95 mmk, joka oli seurakunnalle raskas taakka kannettavaksi. Uusi suuri ja vaativa kirkkorakennus valmistui kahden vuoden rakentamisurakan jälkeen. Kirkon valmistumisen nopeutta silloisissa olosuhteissa voidaan sanoa ihmeeksi ja se osoittaa seurakuntalaisten valtavaa sitoutumista ja Korkeimman siunausta.

Kirkon vihki piispa Mannermaa 14 papin avustamana **20.8.1950**. Ulkopuolella oli suuri teltta, jossa tapahtumaa saattoi kuunnella, koska kirkkoon eivät kaikki mahtuneet. Paikalla oli tuhansia ihmistä. Rovaniemen kirkosta tuli tuhotun Lapin jälleenrakennuksen symboli.

Uuden kirkon alla oli suntion asunnon lisäksi toimitiloja, joissa pidettiin partioita, kerhoja ja puhallinorkesterin harjoituksia. Kerhohuoneen seinään Paavosetämme, joka silloin toimi nuoriso-ohjaajana ja kanttorina, maalasi oman maisema-aiheisen freskonsa. Kirkon tornista kellojen luukusta saatettiin seurakuntaan perustetun torvisoittokunnan soittajien voimin puhaltaa trumpeteilla juhlan alkaneen.

Piispa Mannermaa vihkii kirkon 14 papin avusta-mana, laidoilla Pentti J.P. Seppänen ja Kullervo Hulkko.

Kirkon vihkiäisjuhlaan kokoontui tuhansia ihmisiä. Osa kuunteli juhlaa teltassa. Kirkonkellojen asennus on vielä kesken. Rovaniemen seurakunnan arkisto.

Kirkkokansaa vihkiäisjuhlassa 20.8.1950.

Punainen risti ja kolme kelloa

Kirkon punainen risti on kiinnittänyt monen huomiota. Kirkon risti tehtiin arkkitehdin suunnitelman mukaisesti sen alla olevan maapallon päälle. Ristiin asennettiin seurakunnan päätöksellä neonvalo, olihan kirkon torni 54 metriä korkealla.

Pentti esitti, että teologisten syiden vuoksi ristin valon tulisi olla punainen. Se julistaisi näin ristiltä maahan vuotaneesta rakkauden verestä, jolla koko maailman synnit on sovitettu. Näin myös päätettiin. Taustalla hänellä oli vanhan Siionin laulun sanat: "Mikäs meillä on hätänä ja mikäs olla täällä, kun verinen risti helottaa sen velkakirjan päällä."

Kolmen kellon sanoma

Uuteen kirkkoon asennettiin kolme uuta kelloa. Pikkupoikana kävin kirkontornissa useinkin toverini kanttori Eino Miettusen pojan Reijon kanssa. Seisoimme korvia pidellen suurten kellojen vieressä, kun luukut avattiin ja kellojen vasarat alkoivat lyödä. Kellot kaikuivat todella huumaavasti. Ihmettelimme silloin, mitä kellojen kylkeen on kirjoitettu ja yritimme niitä lukea. Olisikohan torniin ylipäätään saanut kiivetä?

Löysin isäni arkistosta vasta 1990-luvulla koneella kirjoitetun suunnitelman siitä, mitä kellojen kylkeen tuli kohokirjaimilla valaa. Suurimman matalimmalla äänellä soivan kellon kylkeen on kirjoitettu Psalmin 33:8 sanat: "Peljätkää Herraa kaikki maa, häntä peljätköön kaikki maan piirin asuvaiset." Kello aivan kuin julistaa herätystä ihmisille.
Toiseksi suurin kello kuuluttaa Jumalan laupeutta: "Herran laupeus pysyy polvesta polveen niille, jotka häntä pelkäävät"(Lk.1:50). Korkeimmalla äänellä soiva pienin kello kaikuu kiitosta: "Julistakaa päivästä päivään hänen pelastustekojansa"(Ps.96:2).

Me muutamat partiolaiset saimme suntion apuna oppia myös kirkon kolmen kellon soittamisen, joka tapahtui sakastista sointia kuunnellen hitaasti painamalla vihreässä rasiassa olevaa kolmea nappia seinällä olevien nuottien mukaan. Kukahan lienee säveltänyt kellojen tarvittavan soittojärjestyksen eri kirkollisiin tilanteisiin, sitä en ehtinyt kysellä?

Sen saatoin kuulla, että suurin kello soittaa nuottiviivaston yksiviivaisen g-sävelen, keskimmäinen a-sävelen ja pienin kello h-sävelen.

Pyhäkoulupäivät ja Suviseurat kesällä 1951

Vuosikymmen vaihteessa sodan jälkeen tapahtui paljon merkittäviä asioita tuhkasta nousseen Lapin "pääkaupungin" seurakunnallisessa elämässä. Tällöin pidettiin myös Pyhäkoulupäivät, johon osallistui kansainvälisiä vieraita ja Suviseurat.

SRK:n vuosikokous ja suuret seurat pidettiin valtiollisten vaalien vuoksi poikkeukselliseen aikaan 19.-21.6 Rantavitikan Kansakoululla ja sen ympärillä olevalla Kulleroita kasvavalla kedolla. Paikka on niemi, jota ympäröi suuri Kemijoki. Vastapäätä joen toisella puolella on Pöyliönvaara. Siellä nuoruudessani poltettiin juhannuskokkoa ja seurakunnan nuoret ihailivat Lapin yötöntä yötä. Pöyliönvaaralla oli sijainnut ennen Lapin sotaa 1930-luvulla rakennettu Suomen suurin hyppyrimäki, jonka jäännöksiä on vieläkin nähtävissä. Sen saksalaiset lähtiessään tuhosivat.

Suviseurojen seuraportissa luki *Kaikki janoovaiset tulkoot vetten tykö*. Aihe liittyi läheisesti kirkossa juuri työn alla olevan Elämän lähde -freskon aiheeseen. Upouudessa täpötäydessä kirkossa voitiin kuitenkin viettää 21.6 päivällä ehtoollisjumalanpalvelus. Seurateltassa kuunneltiin ehtoollistilaisuutta radion ja kovaäänisten avulla.

Suviseurojen ensimmäinen tervehdyspuhe oli järjestävällä seurakunnalla. Tämä korosti samalla, että herätysliike on tärkeä osa luterilaista kirkkoa. Sillä oli merkitystä myös paikalla olevien kansainvälisten vieraiden vuoksi.

Tervehdyspuheen piti Pentti-isäni. Puheen aiheena hänellä oli Jes.55:1, jossa profeetta kutsuu elävän veden äärelle. Puhe on liitteenä.

Tervehdyksen juhlaan toi Keskusyhdistyksen (SRK) tervehdyksen lisäksi myös Maailman Kristillisen Kasvatuksen Liitto, Tanskan kirkot sekä Amerikan ja Ruotsin uskonystävät. Tämä on poikkeuksellista suviseurojen historiassa.

Tämä oli myös ensimmäinen kerta, kun ulkomaalaiset uskonystävät toivat tervehdyksen suviseuroihin. Siitä tuli vuosikymmeniä kestänyt käytäntö.

Seurakuntakoti ja uusi pappilarakennus valmistuu

Uusi pappila ja työntekijöiden asuinrakennus ja seurakuntatalo toteutettiin kirkon viereen Rauhankadulle jo v. 1957. Siitä tuli uusi kotimme. Se oli toisessa kerroksessa, jossa oli tilava asunto ja hieno näköala ja parveke Kemijoelle ja Kirkkosalmelle. Naapurina samassa kerroksessa asui kanttori Miettusen perhe.

Alemmassa kerroksessa asui silloisen kappalaisen Torsti ja Annikki Sarasteen perhe. He olivat asuneet viime vuodet Rantavitikalla va. kappalaisen pappilassa. Toisella puolella käytävää uudessa pappilassa olivat seurakuntasisarten tilat ja Nanni Törrön asunto, jossa usein lapsena vierailimme ja saimme ylenpalttisen kohtelun. Ylimmässä kerroksessa oli ns. piispankamari, jossa silloinen piispa Heliövaara ja muut seurakunnan vieraat majoittuivat. Itselleni tuli tehtäväksi eräiden siellä asuvien "papillisten kenkien" lankkaaminen.

Lasten ja nuorten elämäniloa

Rakennuksen alakerrassa ja "pommisuojassa" olivat kerhotilat, seurakuntasali, partiotilat, musiikkitilat ja muut harrastustilat sekä asukkaiden saunat ja pesutilat. Pikkupoikana mukanaolo Aune-tädin kerhossa (Karemon Aune) toisten lasten kanssa ja mm. pingisottelut pommisuojassa ovat jääneet lämpimään muistoon.

Seurakuntatalolla kokoontuivat partiolaiset ja musisoivat jo 1930-luvulla perustettu kirkkokuoro ja Holger Sihvolan johtama torvisoittokunta, jota myöhemmin johti Paavo Seppänen. Siellä harjoittelivat myös nokkahuilukerhot ja kantelekerhot seurakunnan tapahtumia varten.

Pääsiäisen alla järjestettiin seurakuntatalolla 1940-luvun lopulla alkaneet ns. Hiljaiset Päivät. Ne kokosivat nuoria ympäri Suomen, Helsinkiä myöten. Niiden jälkeen tehtiin matkoja Lapin tunturimaisemiin pääasiassa Saariselälle tai usein Sodankylän Torvisen kylältä hiihtäen Luosto -tunturille, Maamiesseuran majalle, jossa voitiin yöpyä.

Vieressä olevassa keltaisessa virastorakennuksessa, joka valmistui jo 1948 oli myös virallisen apulaisen asunto. Kaikki viraston työntekijät pappeineen ja mm. asunnossa asuva Erkki Vaaramon perhe tulivat hyvin tutuiksi ja läheiseksi myös meille lapsille.
Seurakunnan ilmakuva kirkonseudusta v.1957 osoittaa, kuinka pian täysin tuhoutunut Rovaniemi nousi tuhkasta. Uudesta Rauhankadun pappilasta me pappilan lapset aloitimme koulunkäynnin Rantavitikan kansakoulussa, joka on v.1870 perustettu Lapin vanhin kansakoulu. Rakennus on vieläkin hyvässä kunnossa ja nykyisin ammattikorkeakoulun toimitilana.

Kaikki seurakunnan nuoret kokoontuivat yhdessä 50-luvulla ja 60-luvun taitteessa seurakunnan tilaisuuksiin. Lestadiolaisuuden hajaannusten seurauksena rauhanyhdistys järjesti myöhemmin tilaisuutensa itsenäisesti.

Rauhankadun pappila oli kotimme vielä isämme kuoleman jälkeen vuoden 1965 kesään saakka. Seurakunta myönsi perheellemme kahden vuoden sijasta poikkeuksellisesti kolme "armonvuotta", jona aikana saimme isän poismenon jälkeen asua pappilassa.
Olen ymmärtänyt, että seurakunta näin kunnioitti isämme sodan aikaista ja sen jälkeistä elämäntyötä ja auttoi perheemme elämää kuoleman surun kohdatessa meitä.

Ilmakuva kirkonseudusta ennen sotia 1930-luvulla.
Rovaniemen seurakunnan arkisto.

Rovaniemi on noussut tuhkasta. Ilmakuva kirkonseudusta vuonna 1957. Rovaniemen seurakunnan arkisto.

Tuhosta on kulunut vasta n. 13 vuotta. Kirkon edessä kirkkosalmen rannalla on seurakuntakoti, pappilarakennus ja keltainen virastorakennus. Tämä pappilan alue oli perheellämme lapsuuden ja nuoruuden kotina vielä vuonna 1965. Koulumatka kirkon seudun lapsilla kulki tästä hiekkatietä pitkin Rantavitikan Kansakouluun. Joskus tulva-aikoina jouduttiin kiertämään kouluun Ahkionmaan kautta.

Koulutovereina, leikki- ja harrastustovereinamme olivat mm. kanttori Miettusen, kappalainen Sarasteen, suntio Jäntin ja pastori Vaaramon lapset. Kirkon seudun ympäristö toimintatiloineen ja seurakunnan tapahtumineen oli erityisen virikkeinen ja turvallinen ympäristö lapsille ja nuorille.

Saksalaisten hautausmaa

On arvioitu, että sotien aikana Suomen rintama vaati yhteensä n. 15 000 saksalaisen hengen. Suurin osa heistä on haudattu nykyisen Venäjän alueelle, mm. Petsamoon n. 3000 ja vanhaan Sallaan n. 5000 saksalaista.

Pohjois-Suomen rintamilla aseveljinä sodissa kaatuneet saksalaiset haudattiin Rovaniemellä ensin Viirinkankaan 4. hautausmaalle, jossa heillä oli oma hauta-alueensa. Hautakummuilla kohosivat valkeat puuristit suorissa riveissä ja tarkassa järjestyksessä. Kalevin historiasivut kertovat, että 1950-luvun lopussa haudoissa olevat siirrettiin Rovakadulla sijaitsevan Torkkolan kauppatalon kellariin ja sieltä vuosina 1960-62 Norvajärvelle saksalaisten sotilaiden hautausmaalle. Torkkolan kauppa, jonka rieskat ja perin ystävälliset omistajasiskokset ovat jääneet mieleeni, oli minun ensimmäinen työpaikkani 12-vuotiaana. Saksalaisista talon alla en tiennyt mitään. Tiesiköhän siitä myöskään talon vahtimestarin minua nuorempi poika Jouko Törmänen, jonka kanssa usein talon pihamaalla tapailimme. Joukosta tuli myöhemmin kova urheilumies ja mäkihypyn olympiavoittaja.

Deutscher Soldatenfriedhof sijaitsee Norvajärven itäpuolella olevalla kauniilla niemellä, jossa hautausmaalle on varattu 1.6 hehtaarin alue. Alueen luovutti saksalaisille korvauksetta Suomen valtio niin pitkäksi aikaa, kun aluetta käytetään hautausmaana. Myöhemmin maapohja on siirretty Rovaniemen seurakunnan omistukseen. Hautausmaa on lähes vastapäätä Norvajärven länsipuolella olevaa sukumme hallussa olevaa kesäpaikkaa Mäntyniemen Norvarinnettä.

Saksalaiset suunnittelivat ja rahoittivat Vehmaan punaisesta graniitista rakennetun mausoleumin ja koko alueen rakennelmineen kokonaan itse. Mausoleumissa lattian alla on holvit, joissa lepää tänään yhteensä n. 2700 saksalaista sotilasta. Heidän nimensä näkyy lattian tasolla olevissa laatoissa. Mausoleumin sisällä on vaikuttava veistos, jossa äiti pitää sylissään poikaansa.

Hautausmaa vihittiin käyttöön 31.8.1963. Tapahtumasta minulla on omat muistikuvani. Juhlaa sävytti ennen vihkiäisiä tapahtunut koko Lapista paikalle tulleiden kommunistien järjestämä voimakas mielenosoitus, jossa kehotettiin Lapin tuhoajia poistumaan maasta. Vahvistetut poliisivoimat ja armeija pysäyttivät kulkueen Norvajärven tien alussa. Meille pojille kerrottiin joidenkin jo edellisenä yönä kuitenkin käyneen tekemässä ilkivaltaa tunkeutuen mausoleumiin? Suurin osa mielenosoittajista oli muualta kuin Rovaniemeltä.

Mielenosoituskulkue vihkiäisjuhlan alla. Lapin Kansan arkistokokoelma.

Rovaniemeläiset yleisesti paheksuivat mielenosoitusta. Sitä pidettiin vastenmielisenä, koska saksalaisten hyvät teot aseveljinä unohdettiin. Kyse oli vainajien viimeisestä leposijasta, jota kaikkien tuli kunnioittaa.

Saksalaisten sotilaiden omaiset hiljentyvät vihkiäis-
juhlassa 31.8.1963 Norvajärvellä sijaitsevassa mau-
soleumissa. Lapin Kansan arkistokokoelma.

Ursula Quenren Risti Norvajärvellä. Valmistus Ke-
min Rakennus Oy. Rovaniemen seurakunnan ar-
kisto.

Kemin Rakennus Oy oli yksi merkittävimmistä jälleenrakentajista Lapissa, joka rakensi asuin-, liike- ja tuotantotiloja sekä kouluja. Yhtiö teki aluksi töitä myös Saksan Lapin armeijalle ja rakensi lopuksi Norvajärven hautausmaan. Yhtiön perustajajäsen ja toimitusjohtaja oli Rauhankadulla asunut teollisuusneuvos Auno Kerola. Hän oli aktiivisesti mukana seurakunnan luottamustehtävissä. Hän antoi kotinsa tiloja myös partiotoiminnan käyttöön.

Kirkon taiteellinen koristelu puhuttelee

Arkkitehti Liljequistin ehdotuksesta kirkon taiteelliseksi koristelijaksi valittiin sisustusarkkitehti ja koriste- ja lasitaiteilija Antti Salmenlinna. Liljequist ehdotti myös, että fresko sopisi parhaiten kirkon arkkitehtuuriin.

Sisäkuva Rovaniemen kirkosta. Rovaniemen seurakunnan arkisto/ M. Toropainen.

Antti Salmenlinnan taide

Raamatunaiheiset kuvat sivukäytävillä

Kirkkoon tultaessa sivukäytävillä molemmilla puolilla kannatinpilareissa on kahdeksan yhdellä värillä maalattua kuva-aihetta raamatunlauseineen.

Eteläseinällä vasemmalla nähdään Raamatun kertomusten mukaiset maalaukset seuraavista opillisista aiheista: Luominen, Mooses laintauluineen, Vapahtajan syntymä, Ruoskittu Vapahtaja, Pyhän Hengen vuodatus, Laupias samarialainen, Jeesus ja syntinen vaimo ja Hyvä Paimen.

Pohjoisseinällä on uskon syntymiseen, uskon hedelmiin ja lappilaiseen elämänpiiriin liittyviä aiheita: Lankeemus, Herääminen ja peljästyminen, Katumus ja rukous, Halu parempaan elämään, Auttava lähimmäinen, Uusi kuuliaisuus, Jatkuva isoaminen ja janoaminen sekä Voitto.

Urkuparven seinällä näemme kirkosta pois lähtiessämme enkelit, jotka laulavat taivaallista iloa.

Lasimaalaukset

Eteläseinällä ristinmuotoon maalatun kuvan aiheena on sovitus, ristiinnaulittu Kristus. Siinä on nähtävillä myös Lapin kristillisyyden tuntomerkkejä: sananselitystä ja henkilökohtaista sielunhoitoa.

Pohjoisseinällä ristinmuotoon maalatun kuvan aiheena on Kristuksen ylösnousemus ja kirkastuminen.

Tarkempi selostus näistä on Sisko Ylimartimolla kirjassa Risti ja Lähde. Kuvien esittely lienee kirkon vihkiäisselostuksista.

Sovitus ja Kristus. Kuva eteläseinältä. Rovaniemen seurakunnan arkisto.

Saarnatuoli

Saarnatuoli sijaitsee oikealla puolella alttarista katsoen. Vanhastaan kirkoissa oikealla puolella istuivat naiset. Sen on ajateltu olevan kuuntelevan Marian paikka, joka oli valinnut hyvän osan (Lk.10:38-42). Saarnatuolin katon päällä on raudasta tehty aaltoileva muoto, joka kuvannee ajan aaltoja. Keskellä on

risti. Saarnatuolin katon etuosassa on kuvattu tuntu-
reita ja kaloja (lohi).
Kala oli vainojen ajan symboli ja sana tulee kreikan-
kielisen Kristus -sanan alkukirjaimista. Kirjainlii-
noissa on risti (usko), ankkuri (toivo) ja sydän (rak-
kaus). Samoja aiheita on myös mm. ovenkahvoissa.

Saarnatuolin katossa puhujan yläpuolella on 24
lamppua. Se voi kuvata sitä valoa, jonka Jumala an-
taa. Evankeliumin valon voimaa saarnataan vuoro-
kauden jokaiselle tunnille. "Sinun sanasi on lamppu,
joka valaisee askeleeni, se on valo minun matkallani
", julistaa Pyhä sana (Ps.119:105).

Puuveistokset

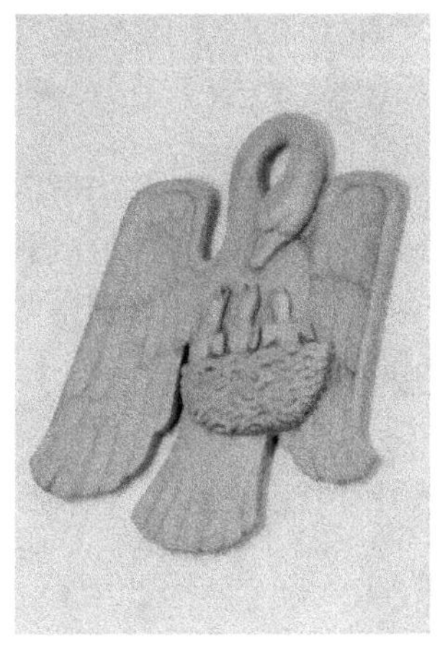

Puuveistoksien suunnitelmat
toteutti kuvanveistäjä Gunnar
Uotila. Saarnatuolin yläpuo-
lella on veistos, jossa Joutsen
ruokkii poikasiaan. Se kuvaa
Kristuksen ja seurakunnan yh-
teyttä ja salaisuutta (ks.
Ef.5:32).

Karitsa ja voitonlippu -veistos sijaitsee kirkon etu-
osassa freskon yläpuolella, joka näkyy kirkon yleisku-
vassa. Johannes Kastaja sanoo: "Katso Jumalan Ka-
ritsa, joka pois ottaa maailman synnin" (Joh.1:29).

Saarnatuolin etuosassa ovat puuveistoksena tehdyt
apostolit Raamattu kädessään. Heidän jalkojen alla

on apostolien symbolit Matteus-Enkeli, Markus-Leijona, Luukas-Härkä ja Johannes-Kotka. Niillä on oma teologinen sanomansa (ks. myös Ilm.4:6-8).

Elämän lähteen äärellä

Lennart Segerstrålen Elämän lähde -fresko

Tämä seuraavassa kuvaamani aineisto on tiivistetty kuvaus Rovaniemen kirkon kauniin ja puhuttelevan freskon *Elämän lähde* syntyvaiheista ja sen sanomasta.

Olen tehnyt koonnin ensisijaisesti Sisko Ylimartimon, Heikki Karvosenojan ja Lennart Segerstrålen tyttärenpojan Matias Uusikylän ansiokkaiden kirjoitusten pohjalta. Kirkon vihkiäisselostetta, johon lähteissä viitataan, minulla ei ole ollut käytössäni.

Freskon aikaansaamisessa ja sen sanoman merkityksen korostajana oli isälläni Pentti J.P. Seppäsellä seurakunnan edustajana oma tärkeä tehtävänsä. Olen hyödyntänyt myös häneltä jäämää aineistoa ja jossakin määrin tuonut esille myös omia kokemuksiani ja näkemyksiäni.

Freskon syntymän aikataulu

Keskustelu taideteoksesta alkoi elokuussa 1949 kirkon rakentamisen ollessa jo käynnissä. Kirkko vihittiin käyttöön vuoden päästä 20.8.1950. Freskon hankkimista ehdotti kirkon arkkitehti Bertel Liljequist.

Seurakunnan edustajina jälleenrakennustoimikunnan puheenjohtaja Pentti Seppänen, taiteilija Antti

Salmenlinna ja kunnallisneuvos Janne Koivuranta vierailivat Ruotsissa Burträskin kirkossa tutustumassa Segerstråleen ja hänen tekeillä olevaan freskoonsa. Tämän vierailun jälkeen seurakunta päätti aloittaa keskustelut Segerstrålen kanssa freskon toteuttamiseksi.

Maaherra Hannulan ja OPM:n tuella freskon rahoitus saatiin ratkaistua ja hanke lopulta käyntiin, vaikka välillä näytti siltä, että on tyydyttävä alttaritauluun.

Lopullinen päätös freskon toteutuksesta tehtiin 24.8.1950. Sen toteutussuunnitelma hyväksyttiin seurakunnassa 21.4.1951.

Freskon maalaus tapahtui touko-lokakuun aikana v.1951 ja julkistamisjuhlaa voitiin viettää kirkossa 21.10.1951. Freskon kokonaiskustannukset olivat 3 mmk, josta OPM rahoitti 1,3 mmk. Seurakunnan osuudeksi jäi 1,7 mmk, joka ylitti huomattavasti alkuperäiset laskelmat.

Rovaniemen seurakunnan arkisto/M.Toropainen.

Taiteilija Lennart Segerstrålesta ja taiteesta

Segerstrålella oli metsänhoitajan koulutus. Alkuun hänen teoksensa olivatkin luonto- ja maisemamaalauksia. Luonto-aihe näkyy myös freskossa, joka kuvaa lappilaista luontoa ja tunturimaisemaa. Segerstråle oli taiteellista sukua, myös hänen äitinsä oli taiteilija Hanna Frosterus-Segerstråle.

Taiteilijan hengenheimolainen ja oppi-isä oli tanskalainen taidemaalari Joakim Skovgaard, jonka fresko löytyy mm. Viborgin tuomiokirkosta. Segerstråle teki useita opintomatkoja mm. mm. Italiaan ja Ranskaan ja tutustui vanhojen mestareiden töihin.

Uskonnolliselta katsomukseltaan Segerstråle kuului freskoa tehdessään ns.Oxford-liikkeeseen. Liikkeen yleisenä tavoitteena oli julistaa myös taiteella kristillistä aatemaailmaa. Liikkeeseen kuuluvilla oli tavoitteena saada aikaan eräänlainen "kristillinen vallankumous".

Segerstråle oli tehnyt taidetta mm. Suomen pankkiin v.1943. Siellä sijaitsevat hänen tunnetut Finlandia - freskot "Suomi herää" ja "Suomi rakentaa". Segerstråle maalasi Ruotsin Burträskiin v. 1949 ensimmäisen kirkkoon tehdyn alttariteoksen.

Burträskin vanha kirkko oli palanut v.1945 suomalaisten evakossa olevien jo lähdettyä. Näin tällä kirkolla oli sama kohtalo, kuin Rovaniemen vanhalla kirkolla 1944. Uusi kirkko valmistui v. 1949, johon

Segerstråle maalasi ensimmäisen kirkollisen fres-
konsa. Fresko on kolmiosainen, jossa kuvataan Jee-
suksen elämän loppuvaiheita ja ylösnoussutta Kris-
tusta, joka kohtaa ihmisiä. Tämä fresko oli työn alla,
kun Rovaniemen seurakunnan lähetystö kävi tapaa-
massa Segerstrålea.

Suomessa Elämän lähde -teoksen jälkeen syntyivät
Varkauden kirkossa sijaitseva suuri fresko "Tulkoon
sinun valtakuntasi" v.1953 ja Noormarkun kirkon
fresko "Vuorisaarna" v.1957. Hän teki seitsemän
muutakin kirkollista freskoa, jotka sijaitsivat Ruot-
sissa, Sveitsissä ja Islannissa.

Saadessaan tehtäväksi Rovaniemen kirkon freskon
maalaamisen, taiteilija oli jo 60-vuotias. Segerstrå-
lesta tuli varsinaisesti tunnettu freskotaiteilija Rova-
niemen kirkon Elämän lähde -teoksen valmistumisen
jälkeen.

Keskustelua freskon sisällöstä

Seurakunnan toiveena oli Paruusia -aihe eli Jeesuk-
sen toinen tuleminen. Sitä pidettiin uskoa vahvista-
vana aiheena, joka kertoo Kristuksen lopullisesta voi-
tosta. Tämä aiheena tuntui sodan jälkeen turvalli-
selta.
Seurakunnan tavoitteena oli myös, että raamatulli-
nen sisältö liittyisi paikalliseen elämänpiiriin, kuten
pohjoiseen luontoon, ihmisiin ja elämäntehtäviin.

Rovaniemen kirkkoherra Heikki Karvosenoja otti 90-luvun loppupuolella minuun yhteyttä tiedustellen, olisiko hallussamme isäni jäämistönä kirkon ja freskon syntyä koskevaa materiaalia. Minulla olikin äitini antama pahvilaatikko, jossa oli kirkon rakentamisen kilpailuasiakirjoja, taiteilijan ja isäni freskoa koskeva kirjeenvaihto sekä isäni kirjoittamaa seurakunnan historiaa. Aineisto oli jäänyt kotiimme isän varhaisen poismenon jälkeen. Nämä luovutin seurakunnan käyttöön.

Taiteilija ja silloin 40-vuotias isäni kävivät keskusteluja ja kirjeenvaihtoa freskon aiheesta ja sen sisältämästä teologiasta. Kirjeenvaihto on tallennettu seurakunnan arkistoon ja Maakunta-arkistoon. Sitä on hyödynnetty seurakunnan juhlakirjassa Risti ja Lähde, joka valmistui kirkon 50 vuotisjuhlaan v. 2000.

Pentti kirjoitti taiteilijalle freskon valmisteluvaiheessa: "Kokouksen yhteinen kanta ja toive on se, että maalaus liittyy maakunnan kristillisyyden henkeen ja olisi rakentamassa seurakuntaa niin, että siitä välittyisi yksinkertainen usko (Matt.11: 25-26), joka täällä lestadiolaisen kristillisyyden kautta on tullut rakkaaksi ja tutuksi."

Monien teologista pohdintaa sisältävien keskustelujen ja kirjeenvaihdon jälkeen freskon paljastuspuheessa Pentti totesi seurakunnan edustajana kiitollisena: "Fresko julistaa yksinkertaista ja helposti ymmärrettävää Jumalan totuutta Raamatun sanan ja evankelisluterilaisen tunnustuksen mukaisesti".

Se osoitti, että taiteilijan vapaus, hänen omat kristilliset näkemyksensä ja seurakunnan toiveet olivat löytäneet suunnitelman edistyessä toisensa.

Maalaustyön edistyminen

Taiteilija laati Rovaniemen kirkon freskosta ennen sen lopullista suunnitelmaa toista sataa luonnosta. Niitä on esitelty lähdekirjallisuudessa. Freskon ensimmäinen Elämän lähde -aiheinen pienimuotoinen luonnos valmistui jo ennen sotaa v. 1936. Se oli ehdolla v. 1938 valmistuneeseen Rajamäen kirkkoon. Kaksi Segerstrålen luonnoksesta valmistamaa suurennosta on Rajamäen kirkon seurakuntasalissa.

Segerstråle oli kulkenut heti sodan jälkeen läpi Lapin ja sen kova kohtalo oli puhutellut häntä suuresti. Taiteilija oli isäni mukana myös pirttiseuroissa ainakin Alaruikan talossa ja toimitusmatkatkalla, tutustuen näin Lapin kristillisyyden elämään.

Segerstråle asui vaimonsa kanssa useita kuukausia Rovaniemellä. Hän vieraili myös kodissamme, josta löytyy kaunis päiväkirjamerkintä. Hän suhtautui lämpimästi kotiini ja ilmaisi haluavansa tallentaa Terttusiskoni myös freskoon. Tämä oli pitkään vain perheemme tiedossa.

Maalaustyön kestäessä kerrotaan, että Segerstråle usein nähtiin kirkon penkissä rukoilemassa. Se osoittaa hänen vakaumuksellisen ja vastuullisen suhtautumisen hänelle uskottuun vaativaan tehtävään.

Avustajina freskon maalaamisessa toimivat Mirjam Vainio, Matti Saanio, Pentti Maatela ja kaksi rapparia, jotka pohjustivat seinäpinnan ennen maalaustyötä. Mirjam Vainio oli ollut avustajana myös Burträskin kirkon freskon maalaamisessa. Hän oli tunnetusti taitava värien käyttäjä ja maalasi mm. Kristusta ja hänen ympärillään olevaa sädekehää herkillä väreillään.

Maalaustyö avustajien kanssa aloitettiin aamulla klo.10.00. Työ jatkui usein jopa klo.20.00 saakka. Työ kesti kokonaisuudessaan n. 4kk. Aamuyöstä noin klo. 04-05 aloittivat rapparit päivittäin tehtävänsä ja pohjustivat seinäpinnan. Päivän aikana maalaustyössä edistyttiin n. 2-5 neliön verran. Pohjustustyöllä oli haluttujen värien säilymisen ja freskon kestävyyden kannalta ratkaiseva merkitys.

Lennart Segerstråle, Matti Saanio ja Mirjam Vainio maalaavat freskoa v.1951. Rovaniemen seurakunnan arkisto.

Fresko on 150 neliön (11x14) eli suurehkon omakotitalon asuinpinta-alan suuruinen, jonka vuoksi freskon toteutus oli hyvin vaativa ja vaati paljon suunnittelutyötä ja ammattitaitoa. Kristuksen kädet aiheuttivat keskustelua. Matti Saanio on kertonut avustajien esittäneen toivomuksenaan, että kädet olisivat siinä asennossa, että ne kuvastaisivat Kristuksen auttavan ihmisiä.

Elämän lähde -freskon raamatullista sisältöä

Freskon uskonnollista sisältöä kuvattaessa voidaan ajatella ainakin seuraavia Raamatun kohtia:

Jesaja-profeetta sanoo: "Kuulkaa, kaikki janoavat! Tulkaa veden äärelle"(Jes.55:1). Tämä aihe oli myös v.1951 Suviseurojen tervehdyspuheessa.

Jeesus sanoi Sykarin kaivolla olleelle naiselle: "Joka juo minun antamaani vettä, ei enää koskaan ole janoissansa. Siitä vedestä, jonka minä annan, tulee hänessä lähde, joka kumpuaa ikuisen elämän vettä"(Joh.4:14). –

Lehtimajajuhlien lopulla Jeesus aivan huutaa: "Joka janoo, se tulkoon minun tyköni ja juokoon (Joh.7:37).

Elämän lähteellä ihmiset eivät katso suoraan Kristukseen, vaan näkevät Kristuksen elävän veden kuvajaisena. Raamatussa sanotaan: "Nyt katselemme vielä kuin kuvastimesta, kuin arvoitusta, mutta silloin näemme kasvoista kasvoihin"(1.Kor.13:12).

Voimme nähdä, että fresko puhuu sovinnosta, joka tuli kaikille ihmisille. Golgatan risti puhuu myös elämän lähteestä. Laulamme Lapin kristillisyydessä tutussa Siionin laulussa: "Siis rientäkäämme yhdessä elämän lähteelle, se Golgatalla avattiin meidänkin tähtemme" (SL 29).

Segerstråle itse kuvaa freskoa seuraavasti: Fresko kuvaa jokaisen ihmisen ja koko ihmiskunnan taistelua hyvän ja pahan välillä. Lähde on se, jossa Jumala kohtaa ihmisen. Kamppailu vie ihmisen Elämän lähteelle tai siitä pois. Kristuksen hahmo kuvastuu lähteeseen. Taustalla on jylhä ja karu Lappi, josta maailman valo astuu valonlähteenä.

Mitä näemme Freskossa

Freskoa on tulkittu hyvin paljon eri näkökulmista. Seuraavassa tuon kootusti esille lähinnä niitä tulkintoja, joista useimmat on esillä myös Heikki Karvosenojan ja Sisko Ylimartimon kirjoituksissa.

Freskossa esiintyy eri ikäisiä ihmisiä, lapsia, nuoria, keski-ikäisiä ja vanhoja. Näemme siinä Lapin luontoa, eläimiä, tuntureita ja joen sekä freskon pääaiheen, Kristuksen ja enkelit.

Vasemmalla alhaalla

Kristuksen vasemman käden puolella voimme nähdä armon hylkääjiä, riitaa ja epäsopua ihmisten välillä:
- päihtyneen miehen viinapullo kainalossa,
- naisen tyhjä säkki olkapäillä. Kuvaako tämä sitä, että tavaraa voi kerätä, mutta sillä ei ole lopulta merkitystä? Jeesus sanoi rikkaalle miehelle: "Mene ja myy kaikki, mitä sinulla on ja seuraa minua." Mies lähti pettyneenä pois (Matt.19:21-23).

- punaiseen huiviin pukeutuneen miehen heriste-
levän nyrkkiään. Kuvaako tämä poliittisia ristirii-
toja?
- ylhäällä kaksi sutta raatelemassa poroa, toiset
kaksi ulvovat vieressä. Sudet ovat hajottaneet po-
rolauman. On huomattu, miten Laestadius hyväs-
teli seuraajiaan: "Jääkää hyvästi, te Jeesuksen ka-
ritsat, jotka ylimmäinen pappi on temmannut
raatelevien susien joukosta.",
- näemme metsäisen rotkon ja kivikkoa. Voisiko
tämä kuvata myös Golgatan kallioita?
- lähteen vasemman reunan olevan tummana kyl-
män jääriitteen peitossa.

Seurakunta toivoi taiteilijalta maalausvaiheessa eräitä **muutoksia,** jotka taiteilija otti huomioon:
Lapset taiteilija oli maalannut vasemmalle puolelle katsomaan riitaista elämää. Isäni olisi halunnut raamatullisin perustein siirtää lapset kokonaan lähteen toiselle puolelle. Taiteilija käänsi kompromissina kylmässä värisevät lapset katsomaan lähteelle, johon yhdessä tyydyttiin. Tämä muutos aiheutti paljon lisätyötä.

Lisäksi toimikunnan tahdosta alastomalle naiselle puettiin vaatteet päälle ja viinapullo siirrettiin näkyvältä paikalta edessä makaavan juopuneen miehen kainaloon.

Oikealla alhaalla

Kristuksen oikean käden puolella voimme nähdä Jeesuksen seuraajia ja Jumalan armon osallisuudessa eläviä ihmisiä:

- äidin, jolla on sylissä pieni valkeaan pukuun (kastepukuun) puettu lapsi ja vieressään pikkupoika,
- perheen isän, odottavan äidin ja lapsia,
- työmiehen haalareissa lapioineen, joka kuvannee samalla jälleenrakennusaikaista elämää,
- hevosen ja miehen, jotka kuuluivat tuona aikana läheisesti yhteen ja olivat samalla kuva kodin onnellisesta elämästä,
- hääparin, joka korostaa avioliiton merkitystä,
- nuoret lähteen reunalla. Tyttärellä on punertava tukka ja puku. Hänet on liitetty Maria

Magdaleenaan, joka oli ylösnousseen Jeesuksen seurassa (Joh.20:16),

- valkopukuisen tytön, ehkä rippikoululaisen kulkemassa lähteelle. Hän ilmiselvästi tuntee sydämessään halun olla osallisena elämän vedestä ja pelastuksesta,

- toisiaan kaulakkain siunaavat ihmiset. Se on lämmin kuvaus Lapin kristillisyydestä, jossa siunauksen evankeliumi on läsnä arjen keskellä ihmisten välillä.

Löytyykö freskossa tuttuja, on kiinnostanut monia. Joitakin arveluja on tehty oikealla olevista henkilöistä. Taiteilija ei näytä maalanneen freskoon omaa kuvaansa, kuten usein oli tapana. Sen sijaan freskon alaosassa on taiteilijan signeeraus, jossa on Pyhän Hengen kyyhky ja lukee SOLI DEO GLORIA 1951, Jumalalle kunnia.

Selkein tunnistettava henkilö freskossa lienee Eeli Laitinen, joka toimi kirkkoherrana. Eräät ovat arvelleet työmiehen haalareissa olevan miehen hahmon tulleet P. A. Jokelalta ja sulhasen profiilin Pentti -isältäni. Tyttö lähteellä lienee saanut Terttu-siskoltani hahmon. Tästä puhuttiin kodin piirissä, kun Segerstråle oli vieraillut kodissamme. Pikkupojan freskon edessä äidin kanssa on sanottu olevan Jäntin Simon, suntion pojan, joka juoksenteli kirkkosalissa maalaustyön aikana.

Se ei ole kuitenkaan tärkeää, kuka freskosta mahtaa löytyä. Freskon sanoman muistuttaa, että meidän jokaisen on hyvä pyytää olla elämän lähteen äärellä Kristuksen käden oikealla puolella.

Enkelit ylhäällä

He ovat Jumalan palvelijoita ja hänen käskyjensä toimeenpanijoita. Heitä on yhdeksän ja he soittavat pasuuna -torvea. Yksi enkeli ei puhalla torvea, vaan odottaa ikään kuin vuoroaan.

Pasuuna soi Raamatun mukaan Kristuksen saapuessa: "Hän lähettää enkelinsä suuren pasuunan pauhatessa, ja he kokoavat hänen valittunsa neljältä ilmalta, taivasten ääristä hamaan toisiin ääriin" (ks. Matt 24:31). Aihe on myös Siionin laulussa 221: "Kun pasuuna kutsua soittaa, silloin minäkin nähdä sen saan..."

- Oikealla olevat julistavat Jumalan kunniaa. He soittavat pasuunalla ylöspäin.
- Vasemmalla puolella olevat puhaltavat torviin pasuunat alaspäin niille, jotka tuhlaajapojan tavoin ovat jättäneet Isän kodin.
- Enkelit ovat valkoisia ja aivan kuin läpikuultavissa asuissa, jolla taiteilijan on ajateltu kuvaavan aineettomuutta.

Kristuksen hahmo

Kristuksella on pitkä puku yllään ja punainen viitta, joka viitannee Jeesuksen ristinkuolemaan. Hän seisoo tunturin laella sädekehä ympärillään. Lämmin valo loistaa hänen ympärillään.

- Kristuksen oikean käden asento on kutsuva. Hän ikään kuin sanoo: "Tulkaa minun isäni siunatut ja omistakaa se valtakunta, joka on teille valmistettuna maailman perustamisesta asti" (Matt. 25:34). Hän voi myös sanoa: "Tulkaa minun tyköni kaikki, te työn ja kuormien uuvuttamat. Ottakaa minun ikeeni hartioilleen ja katsokaa minua: minä olen sydämeltäni nöyrä ja lempeä. Näin teidän sielunne löytää levon"(Matt.11: 28-30).

- Vasemman käden asento on puhutteleva tuhlaa-
  japojan tiellä kulkeville. Se voisi ilmaista varoi-
  tusta: älkää lähtekö isän kodista.
- Kristuksen hahmo heijastuu lähteeseen, jossa voi
  nähdä ehtoollismaljan ja ehtoollisleivän, armon-
  välineet uskon vahvistuksena.

Sisko Ylimartimo kertoo lähteisiin nojautuen, että Segerstråle on halunnut kuvata Kristuksen kasvoissa Lapin erämaaprofeetan ilmettä. Seurakunta viittasi freskon suunnitelmavaiheessa ja toiveissaan usein Lapin kristillisyydessä totuttuun uskonelämään. On pohdittu, oliko taiteilijalla mielessä Lars Levi Laestadius, mutta yhdennäköisyyttä ei juuri kuvissa ole.

Kristushahmo, jonka Matias Uusikylä esittelee teoksessaan, esittänee kuitenkin huutavan ääntä Lapin korvessa.

Segerstråle on kertonut, että hän näki junamatkalla junan vaneriseinän puunsyissä Kristuksen kasvot, jota hän ei voinut saada pois mielestä? Maila-äiti kertoi hänen kuulleen taiteilijalta tästä. Siitä kertoo myös Matias Uusikylän Segerstrålesta kirjoittama teos.

Kuva Kristuksen kasvoista löytyy Lennart Segerstrålen kokoelmasta (Matias Uusikylä). Laestadiuksen kuva on ranskalaisen taiteilijan CH. Ciraudin litografia vuodelta 1839 (Sisko Ylimartimo kirjassa Risti ja Lähde).

Nämä Antti Salmenlinnan enkelit hyvästelevät kirkosta lähtevän. Kuva on urkuparven kaiteella. Iankaikkinen elämä ja taivaan ilo kutsuu ihmisiä omistamaan evankeliumin sanoman armonaikana.

Uuden kirkon alkuperäinen urkuparvi. Urkupillit ovat niin kuin revontulet. Kuva P.O.Wallin Museovirasto.

Rovaniemen kirkko tänään. Rovaniemen seurakunnan arkisto.

Kolme kelloa, risti ja lähde kutsuvat

Vanhan seurakuntakodin ja pappilarakennuksen oikealle puolelle kirkkosalmen rannalle on noussut vuonna 1948 rakennetun keltaisen viraston paikalle uusi entistä ehompi seurakuntakeskus ja kirkkoherran virasto kokous- ja toimitiloineen.

Rovaniemen kirkko näkyy eri ilmansuunnista Rovaniemeä lähestyviä ihmisiä. Kirkon tehtävä on säilynyt samana. Sen kolme kelloa kuuluttaa Jumalan kunniaa, välittää sanomaa Jumalan rakkaudesta ihmisiä kohtaan ja ylistää Hänen pyhää nimeänsä ja tekojaan.

Kirkon punainen risti maapallon päälle asetettuna kertoo Kristuksen tuomasta ansiosta kaikkia ihmisiä kohtaa. Se tuo viestin Kristuksen sovitustyön tuomasta pelastuksesta uskoville.

Elämän lähde on kuva siitä, että tästä lähteestä voi ammentaa sitä vettä, joka poistaa syntimme ja syyllisyytemme. Lähde on avattu Golgatalla meidän tähtemme.

Seurakunnassa sodan ja rauhan aikana

Olen edellä kuvannut Lapin sodan vaikutusta ja seurakunnan jälleenrakennusaikaa Rovaniemen kirkon valmistumiseen saakka paljolti pappilan elämän näkökulmasta. Isälleni oli uskottu tällöin vastuunalaisia tehtäviä.

Pentti Seppänen oli syntynyt 6.12.1910, kirjoittanut ylioppilaaksi Rovaniemeltä 31.5.1931 ja valmistui varusmiespalveluksen jälkeen papiksi v. 1935. Toimittuaan yhden vuoden pappina Ranualla, hän palveli elämänsä loppuun asti Rovaniemellä. Ennen sotaa hänet oli valittu kappalaisen virkaan v.1939.

Sodan aikana hän toimi luutnanttina ja kenttäpappina Sallan rintamalla, Karhumäellä ja Vienan Karjalassa sekä joitakin aikoja seurakuntapappina Eeli Laitisen apuna Rovaniemellä ja lopuksi evakkopappina Ruotsissa.

Kirkkoherraksi hänet valittiin v. 1953 ja Kemin rovastikunnan lääninrovastiksi v. 1956. Hän kuoli kesällä 1962 51-vuotiaana.

Seuraavassa on muutamia kuvavälähdyksiä seurakunnan arjesta ja juhlasta 50-luvulta ja 60-luvun alusta. Seurakunta elää voimakasta kehityksen vaihetta. Sodat ovat takana, uudet sukupolvet kasvavat ja seurakunnan jälleenrakentaminen on jo pääosin toteutunut.

Kirkkoherran ja kappalaisen virkaanasettaminen v.
1954. Kappalaisen virkaan asetetaan Torsti Saraste.
Piispa O.K.Heliövaara avustajineen asettaa virkaan.

Seurakunnan kirkkohallintokunta papereineen pyöreän pöydän ääressä v. 1955. Vas. talouspäällikkö Heikki Kesti, pankinjohtaja Saalo, työpäällikkö Paavo Patopuro ja kirkkoherra Pentti Seppänen.

Kauppa-ja ammattikoulun rippilapset v. 1957. Edessä vas. Eino Miettunen, Pentti Seppänen, kesäteologi Eila Kaivola, Torsti Saraste ja Ilmo Pulkamo. Aimo A. Tuomi.

Musiikkielämä vilkastui. Kuorot, torvisoittokunnat ja kantelepiiri ym. palvelivat seurakuntalaisten elämää. Tässä kirkkokuoroa 1950-luvulla johtaa kanttori Mauno Heikkilä. Aimo A. Tuomi.

Seurakunnan työntekijöitä ja luottamushenkilöitä pastori Kalevi Kotilan läksiäisissä seurakuntasalissa v.1958.

Kuvassa edessä vas. Selma Rahko, Maila Seppänen, Sirkka Kotila, Kalevi Kotila lapsen kanssa, Pentti Seppänen, Auno Kerola ja Torsti Saraste.

Keskellä vas. diakonissat Marjatta Seipäjärvi, Annikki Uusivitikka ja Liisa Kokko, Aune Karemo, Aune Vaaramo, Helvi Tauvola, Aili Miettunen, Anna-Liisa Kontio ja Seija Pulkamo.

Takana vas. Toivo ?,Onerva Ojanperä, Anja Pelli, Onerva Puurunen, Nestori Holma, Paavo Koukkari, Erkki Vaaramo ja Ilmo Pulkamo.

Rovaniemestä tulee kaupunki 1.1.1960. Väkijoukon keskellä itsekin olin mukana 10-vuotiaana. Kuuntelin kaupunginjohtaja Lauri Kaijalaisen parvekkeelta pitämää puhetta ja isäni tuomaa seurakunnan tervehdystä. Lapin Kansan arkistokokoelma.

Kullervo Hulkko siunaa Lääninrovasti Pentti J.P. Seppäsen 12.7.1962. Siunauspuhe on tallennettu hänen kirjaansa *Kukistumaton valtakunta*.

Yksi ajanjakso päättyy tässä hetkessä. Ahkera Herran työmies on Kristuksen ansion tähden päässyt lepoon. Surun koskettaessa on ollut lohduttavaa kokea ystävien osaaottavaa lohdutusta ja lämmintä tukea.

Elämä jatkuu, sukupolvet ja vastuunkantajat vaihtuvat. Sanoma elämän lähteestä ja Kristuksen rististä säilyy samana.

Kolehdinkantovuorossa olevat Rauhankadun partiopojat ja kellonsoittajat sakastin kaiteella v.1961. Vas. Pertti Vanhanen, Juhani Kerola, Vesa Poikela, Markku Seppänen ja Simo Jäntti. Napapiirin Pojat ja Napapiirin Tytöt -lippukunnat kokosivat paljon nuoria toimintaansa.

Keltaisen kirkkoherranviraston naisväki pappilan pihalla yhteiskuvassa v. 1963. Edessä vas. Maire Niemi, Maila Seppänen ja Helmi Alanne. Takana vas. Aune Koukkari, Helmi Kehälä ja Helvi Tauvola.

Lähteet:

Avoimilla Lähteillä. Suuret seurat ja SRK:n vuosikokous Rovaniemellä 19-21.6.1951. Toim. Paavo Viljanen. Srk. Oulu Kirjola Oy 1951.

Elämän lähde. Rovaniemen kirkon kuvien sanomaa. Toim. Paavo Kortemiemi. Väylä-Mediat Oy, Pello. Gummerus Kirjapaino Oy. Jyväskylä 1957.

Kaija Inkeri Kinnunen, Perintö. Suomen rauhanyhdistysten Keskusyhdisty ry. Otavan kirjapaino Oy, Keuruu 2010.

Lennart Segerstråle ja Elämän Lähde. Rovaniemen alttarifreskon taustaa ja tulkintaa. Teksti: Sisko Ylimartimo. Rovaniemen seurakunta, Lapin taidemuseo ja Lapin Yliopiston taiteiden tiedekunta. Rovaniemen painatuskeskus Oy. 2000.

Matias Uusikylä, Lintumaalari ja monumentaalitaiteilija Lennart Segerstråle 1892-1975. Fagerpaino, Helsinki 1992. –

Risti ja Lähde. Rovaniemen kirkon juhlakirja. Rovaniemen seurakunta. Oy Edita Ab, Helsinki 2000.

Rovaniemen seurakunnan 300-vuotismuisto. Rovaniemi 1932, Lapin kansan Kirjapaino Oy.

Rovaniemi. Kirkko ja seurakunta. Rovaniemi 1954. Toimituskunta. Teksti Pentti J.P. Seppänen. Suomalaisen Kirjallisuuden seuran Kirjapaino Oy. Helsinki 1954.

Seija Pulkamo, Rovaniemen seurakunta 350 vuotta. Kustantaja Rovaniemen seurakunta 1982. Koillissanomat Oy. 1982.

Seija Pulkamo, Rovaniemen seurakunnan vanhojen pappiloiden vaiheita. Rovaniemen seurakunta. Pohjolan Painotuote Oy 1999.

Markku Seppänen, Virsin Lauluin Psalttarein. Krankin sukupiirin elämää ja hengellisen musiikin perintöä. Markku Seppänen 2020. Books on Demand GmbH.

Sotien uhrit Rovaniemellä 1939-1945. Rovaniemen hautaustoimikunta. Kirjapaino osakeyhtiö Kalevan Kirjapaino ja Kuvalaattalaitos. Oulu 1947.

Suvi on läsnä. Sata vuotta suuria seuroja. Ari-Pekka Palola. SRK. Gummerus OY. Jyväskylä 2006.

Painamattomat lähteet:

Sanomalehti Kalajokilaakso 29.11.2024. Hugo Hilliahon haastattelu.

Sanomalehti Kaleva 1.1.2025. Unohdetut sodan uhrit. Pekka Maunon artikkeli.

Kalevi Mikkonen: Kalevin historiasivut netissä, 2018. Päivitetty 27.12.2024 kuvilla.

Liitteet:

Sankarivainajien muistomerkin julkistamisti-laisuus 11.9.1954

Pentti J.P. Seppänen puhuu Väinö Aaltosen valmis-taman sankarivainajien muistomerkin julkistamisti-laisuudessa 11.9.1954:

Rovaniemen seurakunnan puolesta minulla on kun-nia vastaanottaa seurakunnan hoitoon ja hallintaan tämä nyt paljastettu arvokas muistomerkki hauta-alueineen.

Tämä vaikuttava monumentti tulee palauttamaan mieliimme yhä uudelleen ne kohtalonvuodet, jolloin mitä kalleimmat ja raskaimmat uhrit oli annettava meille niin pyhien ja rakkaitten arvojen puolesta.

Lumisen tunturin laelta sillä jossakin on löytynyt hen-kensä antanut isänmaan poika. Aseveikot hiljentyvät hänet löydettyänsä, ja mitä he näkevät: Kuolettavasti haavoittunut soturi on viimeisillä voimillaan ristinyt kätensä ja vaipunut viimeiseen uneen. Kuoleva soturi on rukoillut itsensä, kodin, isänmaan ja aseveikkojen puolesta.

Tämä näky kohottakoon meidänkin sydämemme huutaman apua ylhäältä, todellista rauhaa maan päälle, yksimielisyyttä kansakunnalle. Se kehottaa ryhdistäytymään ja kiittämään Jumalaa vapaudestamme!

Tämä monumentti, kauniisti kukoistamaan saatetun pyhän pellon äärellä, humisevan Jumalan puiston sisällä ja niiden 599 muisto, jotka täällä vierivieressä lepäävät, velvoittaa meitä karkottamaan itsekkäät pyyteet ja ojentumaan uhrivalmiuden ja nöyrän palvelemisen tielle.

Käydessämme täällä ja muistaessamme heitä murhe ja kaipaus täyttää mielemme. mutta me saamme tämän toisen soturin tavoin nostaa katseemme ja uskoa, että heidän uhrinsa ei ole hukkaan mennyt. Meillä on tulevaisuus ja toivo.

Kuinka käpristyneitä lienemmekin omaan itsekeskeisyyteemme, antakaamme sankariemme aina uudestaan tällä paikalla ryhdistää itseämme. Mehän tahdomme tunnustaa heidän elämäntyönsä suuruuden.

Kunnia-asiamme on jatkuvasti vaalia tätä pyhää puistoa, sen arvokasta muistomerkkiä ja näitä hautarivejä. Pyytäkää tekin omaiset jatkuvasti kukkasin kunnioittaa rakkaittenne hautoja!

Tulkoon tässä yhteydessä mainituksi, että seurakunta on kunnioittaakseen sankarien muistoa päättänyt omistaa valmisteilla olevan jouluksi ilmestyvän kirkkoa ja seurakuntaa esittävän kuvateoksen lepäävien sankarivainajien muistolle.

Me saamme elää elämäämme isiltä perityssä maassa siksi, että he elivät ja uhrasivat itsensä. Seurakuntaväki tuntee vapauden erikoisen arvon.

Niin kuin ei meillä ilman Jeesuksen Kristuksen kallista lunastustyötä olisi elämän toivoa ja syntiemme armollista anteeksiantoa, niin ei meillä ilman näitä uhriveljiä -ja siskoja, jotka nurmen alla lepäävät, olisi mahdollisuutta vapaasti kokoontua Herran temppeleihin ja saarnata kuoleman alaisille elämän hyvää sanomaa Jumalan iankaikkisesta rakkaudesta, joka on Jeesuksessa tullut meille pelastukseksi synnistä, kuolemasta ja perkeleen vallasta.

Rovaniemen seurakunta ottaessaan vastaan sankarien muistomerkin ja tämän kauniin hauta-alueen, katsoo niiden vaalimisen ja loukkaamattomana pitämisen olevan nyt elävän sukupolven ja toivon mukaan tulevienkin sukupolvien kunniavelvollisuus ja osoitus siitä, että me aina tahdomme olla vapaa kansa ja aina alttiit uskollisesti täyttämään sen tehtävän, jonka Jumala on meille suonut antaessaan meidän jatkuvasti elää omaa itsenäistä elämäämme rakkaassa isiemme maassa muiden itsenäisten kansakuntien joukossa.

Siihen Herra meitä auttakoon!

Elämän lähde Rovaniemen suviseuroissa

Pentti J.P. Seppäsen tervehdyspuhe 19.6.1951

Kaikki janoovaiset, tulkaa vetten tykö!

Herramme Jeesuksen Kristuksen armo, Isän Jumalan rakkaus ja Pyhän Hengen osallisuus olkoon meidän kanssamme nyt ja aina.

Kiittäkäämme ja rukoilkaamme! Me kannamme sydämissämme kiitoksen Sinulle, armollinen Jumala, siitä, että olet johdattanut meidät tänne suviseuroihin runsaslukuisesti kaukaisista seuduista ja vieraistakin maista monista ahtaista oloista vaikeitten kulkuyhteyksien takaa. Me kiitämme Sinua, että olet tässäkin jo armoasi osoittanut meille, että näin olet meidät koonnut yhteen niin kuin kotkan siivillä ja antanut meille tilaisuuden kokoontua sinun pyhän evankeliumisi ympärille ja Sinun armoistuimesi tykö.

Anna meille, rakas taivaallinen Isä, meidän Herramme Jeesuksen Kristuksen ansion tähden siunaus meidän kokoontumisellemme. Anna siunauksesi tulla kaikkien osaksi, jotka täällä vieraina ovat! Anna sen tulla meidän osaksemme, jotka olemme saaneet olla kutsumassa kokousta ja valmistamassa tätä tilaisuutta! Anna siunauksesi tulla jokaisen sydämeen, jokaisen elämään runsaana!

Asu, taivaallinen Isä, täällä telttamajassa meidän keskellämme Hengessä ja totuudessa ja opasta meitä kuulevan lapsen tavoin kuulemaan ja kätkemään sanasi! Opasta meitä hengessä seuraamaan askeleitasi, jotka johtavat tästä vieraasta maasta tykösi kunniaan ja kirkkauteen! Niin me jätämme it-semme ja kaikkemme Sinun armosi alle ja pyy-dämme: Ole kanssamme näinä päivinä ja siunaa meitä Pyhässä Hengessä! Aamen.

Tervehdän teitä, kalliit matkaystävät, veljet ja sisaret Kristuksessa, profeetta Jesajan kirjan sanoilla: "Kaikki janoavaiset, tulkaa vetten tykö, tekin, joilla ei ole rahaa, tulkaa, ostakaa, syökää! Tulkaa, ostakaa ilman rahaa ja ilman hintaa viiniä ja rieskaa!" (Jes. 55:1)

On ihmeellistä, rakkaat ystävät, että Jumalan sana antaa meille tällaisen kehotuksen: Tulkaa! Ja että me saamme kutsua näillä sanoilla: Tulkaa! Tiedämme tosin, että Jumalan sanat kuuluvat myös: Menkää! Mutta tiedämme myös, että nuo sanat "menkää" kuuluvat vasta silloin, kun kaikki on myöhäistä. Ne sanat kuuluvat silloin, kun armon aika on hukattu synnissä, jumalattomuudessa ja väärässä elämän-menossa. Ja silloin ne sanat merkitsevät iankaikkista kadotusta.

Sitä suurempi armo on, että me saamme tänäänkin tänne kokoontuneina, näille juhlille kokoontuneina, Jumalan palvelijoina, olla näitä sanoja toistamassa ja julistamassa: Tulkaa, sillä kaikki on valmistettu!

Me Jumalan kansanakin, Jumalan lapseudesta osal-liseksi päässeet, tarvitsemme näitä sanoja jatku-vasti. Sillä me tahdomme usein joutua sille paikalle, että uskon voimat uupuvat ja loppuvat. Me jou-dumme vaeltamaan todellakin sellaisissa koettelemuksissa ja tuntemisissa, että kaikki voimat näyttävää loppuneen, ja tie, jota olemme lähteneet uskossa vaeltamaan, on ikään kuin noussut pystyyn. Sen tähden on kallis asia, että nämä profeetalliset sanat voivat kaikua meidän korvillemme, ja että näiden sanojen kautta todella puhuu Hän, jolla on jotain annettavaa meille.

Tulkaa, sillä kutsuja on se sama Herra, joka tässä ajassa ruumiillisessa olemuksessaan puhui taivasten valtakunnan salaisuuksia ja kutsui tykönsä. Sama Herra Jeesus vielä, joka silloin sanoi: "Joka minun tyköni tulee, sitä minä en heitä ulos" ja "Tulkaa minun tyköni kaikki, jotka työtä teette ja olette raskautetut, niin minä tahdon teitä virvoittaa."

Sama Herra Jeesus vielä puhuu. Hän on pannut omat lunastetut lapsensa, apostolinsa ja lähettiläänsä, vieläkin ilmoittamaan samaa sanomaa: Tulkaa! Eikä Hän tahdo olla kaukana korkeudessa ja pyhyydessä, johon useimmiten tämän maailman hurskaat tahtovat pysähtyä ja jäädä palvelemaan häntä siellä korkeudessa ja pyhyydessä olevana Herrana johtamassa ihmisiä, joilla on hätä sielunsa autuudesta, yksinäisiin paikkoihin vain rukoilemaan, tai johonkin epämääräiseen paikkaan ristin tykö.

Tämä sana, joka profeetan suun kautta on kuulunut, tahtoo asettaa Jeesuksen ristin meidän keskellemme, sillä se sanoo: "Tulkaa!" Se tahtoo asettaa ylösnousseen Herran Jeesuksen elävästä voimastansa keskellemme. Se tahtoo pystyttää armonistuimen niin lähelle, että jokainen voi nöyrtyä kerjäämään armoa ja syntiensä anteeksiantamusta. Se asettaa juhlapöydän niin lähelle, että heikkovoimaisinkin ulottuu siitä saamaan ravintonsa. Se asettaa elämän veden lähteen niin matalalle, että kaikkein matalimmalla vaeltanut, kaikkein huonoimmissa tuntemuksissa ja kokemuksissa vaeltanut voi ryömiä sille lähteelle ja saada osansa iankaikkisen elämän vedestä ja saa pestä vaatteensa Karitsan veressä.

Näin on, kalliit ystävät, tämä evankeliumi tänä päivänä voimassaan meidän keskuudessamme, kun tänne olemme kokoontuneet. Se tahtoo sanoa: "Tulkaa, tulkaa vetten tykö!"

Siionissa ovat avoimet lähteet syntiä ja saastaisuutta vastaan. Elämän veden virrat vuotavat erämaassa, elämän veden virrat vuotavat tämän paikan kautta. Elämän veden virrat ovat täynnä vettä. Ne ovat vuolaina vuotamassa, ja sen tähden minä uskon, että monet, monet janoavat sielut ovat kokoontuneet näille juhlille.

"Autuaita ovat ne, jotka isoavat ja janoavat vanhurskautta, sillä heidät ravitaan."

Jumalan pöytä on laskettu meidän keskellemme evankeliumissa. Herra Jeesus Kristus on siinä evankeliumissa meitä lähellä, se on meidän keskellämme. Hänen avoimet haavansa ovat pakopaikkamme, niiden kautta elämän veden virrat vuotavat jokaiseen uskovaan sieluun.

Tällä lauseella Rovaniemen kristityt Jumalan lapset ovat tahtoneet toivottaa teidät tervetulleiksi. Ja *vaikka luonnolliset olosuhteet vaativat, että maalliset antimet ovat maksullisia, niin se, mitä taivaasta on laskettu evankeliumissa, se on ilman rahaa ja ilman hintaa.*

Sen tähden me olemme onnellisia, että me saamme kuitenkin sanoa: ilman rahaa ja ilman hintaa köyhimmätkin ravitaan. Ilman rahaa ja ilman hintaa saa ostaa parhaita taivaan herkkuja. Vanhurskautta, iloa ja rauhaa on Jumalan valtakunta täynnä. Jumalan valtakunta on runsaslukuisena kokoontunut tänne.

Vanhurskaus, rauha ja ilo Pyhässä Hengessä olkoon kaikkien sydämissä. Sen tähden, että tuo evankeliumi, Jumalan valtakunnan evankeliumi, on meille uskottu ja annettu. Sen tähden syökää ja nauttikaa hyvää! Täyttäkää teidän astianne elämän veden virrasta! Se antakoon niin kuin virvoittava vesilähde väsyneelle voima vaeltamaan tämän korpimaan läpi kunnian rannalle saakka!

Olkaa sen tähden, kalliit ystävät, hyvässä turvassa! Evankeliumi on keskellämme. Herra Jeesus Kristus avoimine haavoinensa ylösnousseena on tullut meidän tykömme. Armon sana on meitä lähellä.

Sen tähden, veljeni ja sisareni, kaikki epäilykset, matkallakin tulleet väärät valvomiset ja kiusaukset me saamme panna pois ja uskoa syntien anteeksiantamuksen evankeliumin Jeesuksen nimessä ja veressä. Jumalan rauha vallitkoon kaikkien sydämessä! Jumalan siunaus runsaana vuotakoon kaikkien meidän päällemme! Yhtenä heikkona, mutta armon saaneena, tahdon sen tähden sanoa Rovaniemen seurakunnan ja seuratoimen puolesta kaikki lausua sydämellisesti tervetulleeksi Herran Jeesuksen nimeen tänne meidän juhlillemme. Ja pyydän olla yhtenä teidän seassanne vain kiusattuna ja köyhänä kulkijana ja pyydän, että kun näin saan olla teidän kanssanne kasvokkain, että minullekin siunaisitte syntien anteeksiantamusta. Armo ja rauha olkoon kanssanne! Amen.

Puhe Suviseurakertomuksessa "Avoimilla Lähteillä" toim. Paavo Viljanen. SRK 1951.

Lämmin kiitos teille kaikille, jotka
olette tukeneet ja auttaneet eri tavoin
tämän muiston kokoamisessa!

Kirjoittaja Markku Seppänen on oulunsalolainen ope-
tusneuvos, KL, joka on toiminut sivistys- ja palvelujoh-
tajana ja Kulttuuri-instituutin johtajana.

Liisa ja Markku Seppänen "kultahäissä" Iin vihkikirkon sisääntuloholvissa 4.8.2023.Mukana oli koko perhekunta.

www.ingramcontent.com/pod-product-compliance
Lightning Source LLC
Chambersburg PA
CBHW061240140726

47998CB00006B/2053